노자의 도덕경 수업

❖ **일러두기**

모든 노자의 글은 《도덕경》을 인용했으며, 독자들이 보다 이해하기 쉽도록 재가공했음을 밝혀둔다. 또 본문 내 도입부와 반복되는 문장은 저자의 생각을 전개하기 위한 설정임을 참고한다면, 전체 흐름과 의도를 더욱 자연스럽게 따라갈 수 있을 것이다.

노자의 도덕경 수업

이상윤 지음

모티브

프롤로그

쓸모 있는 영감을 주는
《도덕경》으로의 초대

흔히들 인생을 'B와 D 사이의 C'라고 부른다. 여기서 'B'는 탄생 Birth, 'D'는 죽음 Death, 'C'는 선택 Choice 을 뜻한다. 한마디로 우리의 삶은 끊임없는 갈림길 위에 놓여 있고, 이때 한 결정이 모여 지금의 나를 만든다.

이처럼 세상은 우리에게 끊임없이 무언가를 결정하게 한다. 그리고 하나를 결정하는 순간, 다른 가능성은 멀어진다. 이 같은 이유로 때로는 현실적인 고민으로, 때로는 철학적인 질문으로 갈림길 앞에 서 고민하게 된다. 완벽한 정답이 없기에 늘 흔들리고, 망설이는 것이다. 예를 들자면, 다음과 같은 물음들로 인해 갈등한다.

'월급이 높은 직장을 택하는 게 현명할까, 아니면 즐겁게 일할 수 있는 직장을 택하는 게 좋을까?', '한 회사에서 오래 근무하며 안정성을 추구하는 삶을 사는 것이 옳을까, 아니면 때마다 이직을 하며 새로운 기회를 잡는 것이 더 나을까?', '주식에 투자하는 것이 장기적으로 유리할까, 아니면 부동산이 더 확실하고 안정적인 선택일까?', '국산차를 구매하여 경제적 부담을 줄이는 게 옳을까, 외제차를 구매하여 품격과 만족감을 높이는 것이 현명할까?', '명품 소비를 통해 내 가치를 드러내는 것이 의미 있을까, 아니면 실속 있는 소비가 더 지혜로운 삶일까?'

대인관계에서도 마찬가지다. '넓고 다양한 인맥을 유지하는 게 유리할까, 아니면 소수의 깊고 진실한 관계를 맺는 게 더 나을까?', 'SNS를 활발히 하면서 타인의 관심과 인정을 받는 삶이 행복할까, SNS 없이 조용하고 평온하게 사는 쪽이 더 좋을까?', '상대의 기분을 배려해 돌려서 말하는 것이 현명한 소통 방식일까, 아니면 때로는 상처가 되더라도 솔직히 표현하는 것이 옳을까?'

연애나 이성 문제에서도 선택은 쉽지 않다. '자산과 연봉, 집안 수

준과 같은 현실적인 조건을 갖춘 사람과 만나는 것이 현명할까, 아니면 대화가 잘 통하고 유머 코드가 맞는 사람과 만나는 것이 행복할까?', '신혼집을 현실을 고려한 안정적인 곳으로 장만하는 게 나은 선택일까, 조금 무리를 해서라도 꿈꾸던 이상적인 집을 마련하는 게 옳은 선택일까?', '연인 사이에 모든 것을 완벽히 공유하고 솔직하게 소통하는 게 좋을까, 아니면 적당한 비밀을 유지하며 각자의 영역을 인정하는 게 더 지혜로울까?'

더욱 깊이 들어가면 철학적인 고민과도 마주하게 된다. '인생에서 중요한 것은 과정일까, 결과일까?', '성공은 오로지 노력의 결과일까, 아니면 타고난 재능에 더 좌우될까?', '인간은 이기적으로 살아야 하는 존재일까, 이타적으로 살아야 하는 존재일까?', '삶은 정해진 운명대로 흘러가는 것일까, 아니면 전적으로 우리의 자유의지로 개척할 수 있는 것일까?', '인간의 본성은 본래 선한 존재일까, 아니면 악한 존재일까?'

이렇듯 인생을 살아갈수록 우리가 마주하는 선택은 점점 많아지고, 복잡해진다. 단순했던 고민은 더 이상 간단하지 않으며, 해결해야 할 문제는 점점 쌓여가기만 한다. 그래서인지 복잡한 문제를 빠르게 해결하고자 하는 욕구가 커질수록, 우리는 'A 아니면 B'라는 이분법적 틀 속에서 정답을 찾으려 한다. 어느 순간부터 세상을 흑과 백으로 나누며, 둘 중 하나만이 옳다는 생각에 빠져든다.

하지만 과연 두 가지 선택지 중 하나가 정답일까? 흑과 백, 남과 북, 보수와 진보, 선과 악, 성공과 실패, 승자와 패자, 옳음과 그름, 정상과 비정상, 행복과 불행, 이성과 감성, 현실과 이상, 긍정과 부정, 사랑과 미움, 내 편과 네 편, 진실과 거짓, 자유와 통제, 젊음과 늙음, 몸과 마음, 과거와 미래, 시작과 끝 등. 과연 이 중 하나에만 옳은 답이 존재할까? 우리 삶이 정말 그렇게 단조로울까?

이런 고민에 빠져 있던 어느 날, 노자가 내 인생에 찾아왔다. 그리고 그는 이렇게 이야기했다. "네가 그것을 정답이라고 말할 수 있다면, 그것은 진정한 정답이 아닐 것이다." 참으로 모호한 말이었다. 진리를 찾기 위해 주고받는 선문답처럼 알 듯 말 듯한 화두였다. 이에 나는 며칠 동안 그의 말을 곰곰이 헤아려 보았고, 마침내 깨달았다. 내가 옳다고 믿었던 답과 틀렸다고 여겼던 답 사이에도 무수히 많은 가능성이 존재한다는 사실을 말이다.

가령, 숫자 1과 2 사이에는 무엇이 있을까? 단지 1.5만 존재할까? 아니다. 1.1, 1.2, 1.3 같은 수많은 숫자가 있다. 더 나아가 1.11, 1.12,

1.13처럼 소수점이 길어질수록, 그 사이에는 셀 수 없을 만큼 무한한 숫자가 펼쳐진다. 하물며 크고 복잡한 세상을 단지 둘 중 하나로 완벽히 정의하는 게 가능할까? 그래서 우리에게는 균형이 필요하다. 1과 2, A와 B, 흑과 백, 옳음과 그름 그 어느 중간 지점 어딘가에 우리가 미처 찾지 못했던 답이 숨어 있음을 알아야 한다.

하지만 여기서 중요한 부분은 완벽한 중심이란 없다는 점이다. 사람들은 균형을 말할 때 완전한 중립을 찾으려 한다. 그러나 진정한 균형이란, 외발자전거를 타고 앞으로 나아가는 것과 같다. 외발자전거를 탈 때 우리는 어떻게 움직이는가? 끊임없이 좌우로 흔들리며 나아간다. 이 흔들림이 항상 완벽한 1:1의 비율로 이루어질까? 그렇지 않다. 때로는 왼쪽으로 더 기울고, 때로는 오른쪽으로 더 치우친다. 또 어떤 때는 그 치우침의 폭이 아주 미세하기도 하다. 이 모든 흔들림과 미세한 불균형을 반복하면서 외발자전거는 결국 앞으로 나아간다. 이것이 바로 노자가 우리에게 알려주는 균형의 본질이다.

한편, 노자를 통해 '이렇게도 생각할 수 있구나!'라는 깨달음을 얻음으로 인해 나는 무척 자유로워졌다. 아마 나뿐만 아니라 《도덕경》을 읽은 많은 사람이 비슷한 해방감을 경험했을 테다. 그리고 아인슈타인이 남긴 "같은 방법을 반복하면서 다른 결과를 기대하는 것은 미친 짓이다."라는 말처럼 노자는 우리에게 기존과는 전혀 다른 새로운 사고의 문을 열어준다. 그 덕분에 우리는 이전까지 해보지 못한 생각을 하게 되고, 삶에 대한 완전히 새로운 시선을 갖게 된다.

그래서 나는 이런 사람들에게 《도덕경》을 읽어보길 권한다. 이분법적 사고에 갇혀 사는 사람, 선택의 압박과 불안에 시달리는 사람, 완벽함을 추구하느라 자신을 끝없이 혹사시키는 사람, 세상과 타인의 시선에 휘둘리는 사람, 과도한 욕망을 통제하지 못하는 사람, 관계를 유지하기 위해 억지로 애쓰는 사람, 부정적이고 공격적인 사고로 자신을 괴롭히는 사람, 자신이 누구인지 제대로 알지 못한 채 살아가는 사람, 어떻게 살아야 하는지 근원적인 질문을 품고 고민하는 사람. 만일 이들이 《도덕경》을 만난다면, 새로운 삶의 가능성과 내면의 자유를 발견하리라 확신한다.

이러한 《도덕경》은 톨스토이를 비롯한 수많은 위대한 지성인들이 영감을 얻고, 높이 평가할 만큼 깊이 있는 책이다. 하지만 막상 펼쳐보면 예상보다 쉽고, 간결하다는 인상을 받을 수도 있다. 나는 바로 이 지점에서 노자의 《도덕경》이 더 큰 가치를 지닌다고 본다. 내가 생각하는 진정한 지혜란, 여덟 살 아이도 쉽게 이해할 수 있지만, 여든 살 노인조차 실천하기 어려운 것이므로. 따라서 《도덕경》

은 논리적이고 복잡한 지식을 담은 책이 아니라, 삶 속에서 끊임없이 실천해야 하는 살아 있는 지혜의 책이라고 할 수 있다.

이 책은《도덕경》에 대한 전문적인 해설서가 아니다. 즉,《도덕경》의 원문을 쉽고 상세하게 풀이한 책이 아니라는 얘기다. 그보다 도덕경을 읽으면서 개인적으로 깊은 울림을 받았던 구절과 내용을 나만의 시선과 경험으로 풀어낸 글에 가깝다. 이 과정에서 그동안 내가 공부하며 접한 동양 철학과 서양 철학, 심리학, 교양 과학, 역사 등 다양한 분야의 지식과 고민을 자연스럽게 엮어 넣었다. 부족한 점이 많겠지만,《도덕경》을 읽으며 얻은 개인적인 깨달음과 생각들을 정리하고, 기록한 책으로 봐주면 좋겠다.

참고로 나는 처음에 신홍식 역주의《노자 도덕경》으로 노자를 접했다. 이 외에도 시중에는 소준섭 번역의《도덕경》, 오강남의《도덕경》, 김원중의《노자 도덕경》, 최진석의《나 홀로 읽는 도덕경》뿐 아니라, 바이런 케이티의《기쁨의 천 가지 이름》, 오쇼 라즈니쉬의《두드리지 마라 문은 열려 있다－두드리려고 하는 마음이 문을 만든다》등 훌륭한 작품이 즐비하다. 더 깊이 있게 읽고 싶은 사람에게는 이 책들을 권하고 싶다. 물론,《도덕경》을 읽는 데 정해진 방법은 없다. 원문 중심의 책부터 읽어도 좋고, 현대적 해설이나 창의적 주석에서 출발해도 좋다.

만일 노자와 관련해 더 많은 부분을 느끼고자 한다면,《장자》도 함께 읽기를 추천한다. 왜냐하면 장자는 노자의 사상을 더욱 풍부하고, 자유롭게 발전시킨 인물이라서 빼놓을 수 없다. 이뿐만 아니라 불교의 핵심인 "진리는 언어로 표현할 수 없다."라는 장자의 통찰은 노자를 이해하는 데 좋은 지침이 되어준다. 여기에 더해《신약성경》도 권하고 싶다. 성경 속 겸손의 덕목을 접하면, 노자가 강조하는 '겸허'의 의미를 좀 더 쉽게 이해할 수 있어서다.

현재 나는 커뮤니케이션과 스피치 코치로 활동하고 있다. 이런 내게 노자의《도덕경》은 큰 도움을 준 책이다. 나는 사람과 사람 사이의 대화에서 중요한 요소 중 하나가 '조화'라고 생각하는데,《도덕경》을 통해 상대와 나 사이에 고정된 자아를 내려놓고, 상황에 자연스럽게 맞춰가는 법을 배울 수 있었던 덕분이다. 그 결과, 의사소통 능력의 향상과 더불어 인간관계를 바라보는 시야가 한층 깊어졌다.

또한 발성법처럼 몸을 활용하는 일에서도 노자의 가르침은 소중한 지침이 되어주었다. "억지로 하려 하지 말고, 다투지 마라. 그저 자연스럽게 하라."라는 무위자연의 정신이 긴장과 욕심을 사라지게 해주어 더 좋은 결과를 안겨주었으니까. 실제로 성우 녹음을 진행하거나 강의를 할 때, 노자의 가르침을 떠올리며 긴장을 풀고, 마음을 편하게 가져 훌륭한 작업물을 만들어내는 경우가 많았다.

유튜브 채널을 운영할 때도 마찬가지였다. 초창기에는 '왜 이렇게 구독자가 늘지 않을까?', '알고리즘에 문제가 있는 건가?'와 같은 조급함과 의심이 내 마음을 지배하곤 했다. 하지만 그때마다 나는 노자의 가르침을 떠올리며, 내 욕심을 억눌렀다. 그리고 빠른 성공에 집착하기보다 이치에 맞는 일을 묵묵히 수행하면, 결국 결과는 자연히 따라오리라는 믿음 안에서 사람들과 진심으로 소통했다. 그 결과, 어느새 15만 명의 사람들이 구독하는 채널로 성장했다.

그런데 독자들이 큰 관심을 가지지 않을지도 모르는 이런 나의 개인적인 이야기를 굳이 늘어놓는 이유는 무엇일까? 나는 바로 이러한 사사로운 이야기에 진정한 쓸모가 있다고 생각했다. 문명과 기술이 발전하면서 지식은 더욱 손쉽게 얻을 수 있는 방향으로 흘러가고 있다. 이제는 ChatGPT, Gemini, Perplexity와 같은 LLM Large Language Model 의 등장으로, 손가락 한 번만 까딱하면 양질의 지식을 간편히 얻을 수 있는 시대가 되었다.

이런 흐름 속에서 나는 "과연 책은 여전히 쓸모가 있는 것인가?"라는 질문을 던져보았다. 그 고민 끝에 나만의 해답을 발견했다. 그것은 바로 "독서는 우리에게 영감을 준다."라는 사실이다. 책을 읽는다는 것은 교과서의 내용을 단지 암기하는 일이 아니다. 책을 통해 저자와 대화를 나누고, 내 생각과 감각을 일깨우며, 삶의 지평을 넓히는 살아있는 체험이다. 한 구절 한 구절을 음미하며 가슴에 새기고, 앞으로 어떤 방향으로 살아갈지 자신의 소명을 찾아가는 과정이 바로 독서의 본질이다. 이것이 인공지능 시대에도 책이 여전히 쓸모 있는 이유다. 책은 앞으로도 누군가의 내면을 깊이 성찰하게 하고, 또 다른 누군가에게는 현실적인 통찰과 지혜를 전해주는 중요한 도구로 남아 있을 것이다.

내가 하고 싶은 말을 법정 스님이 더욱 정갈한 언어로 표현한 적이 있다. "좋은 책이란 거침없이 읽히는 책이다. 그러나 진정 깊이 있는 책은 읽다가 자꾸 덮이는 책이다. 한두 구절이 우리에게 많은 생각을 주고, 그 구절을 통해 나 자신을 들여다보게 하기 때문이다. 그런 책은 마치 거울과도 같다. 때로는 단 한 구절이 번쩍 눈을 뜨게 하고, 나도 모르게 안이해진 일상을 깨우쳐 준다."

《도덕경》은 나에게 그런 책이었다. 읽다가 자꾸 멈추게 되고, 단

몇 구절이 수많은 생각과 고민을 하게 만들었다. 삶의 굴곡마다 이 책의 구절들이 나를 찾아왔고, 어느 순간부터 내 삶의 방향과 고민에 대한 명쾌한 해답을 던져주었다. 단순히 종이 위의 글자로 머무르지 않고, 내 마음과 삶에 깊이 스며들었다. 도저히 앞으로 나아갈 길이 보이지 않을 때, 마음이 흔들리고 지칠 때마다 이 책 속의 짧은 구절들은 내게 큰 가르침을 주었다.

솔직히 처음 이 책을 쓰기로 마음먹었을 때, 독자들에게 내가 얻은 경험과 깨달음을 제대로 전달할 수 있을지 망설여졌다. 내 생각이 충분히 깊이 있는지, 내가 소중하게 여겼던 내용이 독자들에게는 너무 흔한 말로 들리진 않을지에 대한 걱정이 앞섰기 때문이다. 하지만 책을 쓸 수 있도록 용기를 북돋아 주고, 방향을 잡아준 출판사의 도움 덕분에 완성할 수 있었다. 그 따뜻한 격려와 세심한 지원에 진심으로 감사드린다.

마지막으로 수많은 좋은 책이 존재함에도 내 책을 선택하고, 귀중한 시간을 할애해 준 당신에게 고마움을 전한다. 또 그 선택을 나는 결코 가볍게 생각하지 않는다. 그래서 이 책이 당신의 삶 속에서 작게나마 위안과 영감을 주고, 잠시나마 일상을 멈추고 자신을 되돌아보게 하는 계기가 되기를 간절히 바란다. 부디 우리 모두의 삶

에 노자의 깊은 지혜가 함께하여 더 자유롭고, 행복한 삶으로 나아
갈 수 있기를 진심으로 소망한다.

차례

| 프롤로그 | 쓸모 있는 영감을 주는 《도덕경》으로의 초대 | · 04 |

PART 1
이름 없는 진리와 본질의 자리

1	진리는 이름을 가지지 않는다	· 20
2	본질은 언제나 단순하고 명확하다	· 29
3	모르는 것을 모른다고 말할 줄 아는 용기도 지혜다	· 39
4	애타게 찾는 해답은 언제나 내 안에 있다	· 47
5	현재가 좋은 일인지 나쁜 일인지 아무도 모른다	· 56

PART 2
흔들림 속에서 피어나는 균형

1	침묵과 겸손으로 삶의 균형을 잡아라	· 66
2	고통을 부르는 자극에서 벗어나라	· 73
3	위계질서는 민감한 사회를 만든다	· 82
4	질주를 멈추고 삶의 본질을 들여다보라	· 92
5	자기자랑도 지혜롭게 하라	· 102

PART 3
자연의 흐름을 닮은 삶의 태도

1	자연스러움이 가장 나다운 매력이다	· 114
2	비움은 결코 손해가 아니다	· 121
3	부드럽고 겸손하되 '나'를 잃지는 말자	· 131
4	유연함의 아름다움을 몸에 익혀라	· 140
5	세상에 영원한 위대함은 없다	· 147

PART 4
작은 실천이 쌓아 올리는 길

1	화려한 언변보다 작은 실천이 빛난다	· 156
2	부드럽고 약한 것이 굳세고 강한 것을 이긴다	· 166
3	성공의 지름길은 성실함 위에 있다	· 175
4	삶을 더욱 단순하고 여유롭게 가꿔라	· 182
5	우리의 행동은 어딘가에 쌓이고 있다	· 190

에필로그 빛이 되어준《도덕경》, 당신도 만끽하기를   · 198

PART 1

이름 없는 진리와 본질의 자리

01 진리는 이름을 가지지 않는다

‘도道’라고 할 수 있는 도는 영원한 도가 아닙니다.
이름 지을 수 있는 이름은 영원한 이름이 아닙니다.
이름 붙일 수 없는 그 무엇이 하늘과 땅의 시원.
이름 붙일 수 있는 것은 온갖 것의 어머니.
그러므로 언제나 욕심이 없으면 그 신비함을 볼 수 있고,
언제나 욕심이 있으면 그 나타남을 볼 수 있습니다.
둘 다 근원은 같은 것.
이름이 다를 뿐 둘 다 신비스러운 것.
신비 중의 신비요, 모든 신비의 문입니다.

- 《도덕경》 중에서 -

"도라고 할 수 있는 도는 영원한 도가 아닙니다. 이름 지을 수 있는 이름은 영원한 이름이 아닙니다."

노자의 도덕경 수업

노자의 《도덕경》에서 가장 핵심적인 사상은 '도'에 담겨 있다. 도를 직역하면 흔히 길 정도의 의미로 이해하지만, 좀 더 깊이 들어가면 '진리'나 '우주의 근본 원리'라는 개념에 더 가까워진다.

곰곰이 생각해 보면 세상 만물에는 각자의 도 즉, 고유한 길이 존재한다. 모든 존재와 사건에는 시작이 있고 끝이 있으며, 그 시작과 끝 사이에는 수많은 과정과 이야기가 펼쳐진다. 이것이 바로 '길'이 지닌 본질적 특성이다. 가령, 여행을 떠나면 반드시 목적지에 도달하고, 회사에 입사하면 언젠가는 퇴직이라는 끝을 맞는다. 사람도 태어나면 반드시 죽음이라는 종착지에 이르게 된다. 이렇듯 우리가 삶에서 경험하고 마주하는 모든 것은 도로 표현할 수 있다.

한편, 나는 명상을 더욱 깊이 배우기 위해 오랫동안 수행한 선생님에게 가르침을 받은 적이 있다. 그는 온화하면서도 굳건한 심기를 가진 분이었다. 눈빛은 언뜻 흐려 보였으나 맹수처럼 강렬했다. 한번은 명상에 대한 궁금증을 질문하며 차담을 나누는데, 선생님이 내게 물었다. "너는 누구냐?" 나는 즉각 대답했다. "예, 저는 이상윤입니다." 그러자 선생님은 다시 "그게 너냐? 그건 이름이지. 이름이 너 자신인가? 다시 묻겠다. 너는 누구냐?"라고 질문했다. 이에 나는 성별, 나이, 학벌, 직업, 경력, 특기, 취미, 이상향까지 내가 생각할 수 있는 모든 것을 동원하여 나 자신을 표현해 보았다. 하지만 말을 하면 할수록 진정한 나를 나타낼 방법이 없다는 사실을 깨달았다.

이름은 부모에게서 주어진 것으로 마음만 먹으면 바꿀 수 있다. 심지어 성별도 현대 과학으로 바꿀 수 있다. 학벌은 사회적 지위를 나타내는 듯하지만, 결코 진정한 나라고 할 수는 없다. 특기나 취미는 세월과 환경에 따라 바뀌며, 이상향 역시 나이가 들며 달라질 수 있다. 오랜 침묵 속에서 고민하는 내게 선생님은 이렇게 말했다. "사실 '나'라고 할 만한 것은 없어. 그런데도 사람들은 아주 쉽게 '이게 나야!'라고 말하며 살아가. 그리고 나라는 존재의 이익과 행복을 위해서 살아간다고 하지. 하지만 조금만 생각해 보면, 정작 그 나가 누구인지 정확히 알지 못해. 결국 자신이 누구인지도 제대로 모른 채 평생을 사는 거야. 사회가 만들어놓은 나라는 틀 안에서, 남들이 만들어놓은 기준에 따라 자신을 정의하면서 인생을 바치는 거지."

그리고 "수행을 하다 보면 나라는 존재를 쉽게 정의할 수 없다는 걸 알게 돼. 그래서 점점 더 나 자신을 '모른다'라는 쪽으로 가게 되고. 수행을 깊이 할수록 '나를 안다'가 아니라 오히려 '나를 모른다'라는 깨달음에 가까워지는 거야. 그렇게 자신을 모른다는 사실을 받아들이게 되면, 그다음부터는 나를 억지로 규정하지 않고 그저 관찰하게 된다네. 나를 있는 그대로 바라보는 것, 나는 그것이 수행에 있어 가장 중요한 핵심이라고 생각한다네."라고 덧붙였다.

처음엔 아리송했다. 누군가는 고대 그리스의 소피스트가 하는 궤변처럼 느낄 수 있을지도 모른다. 하지만 시간이 지나면서 점차 그 뜻을 이해하고 동의하게 되었다.

실제로 우리의 정체성은 언제 어디서든 바뀐다. 예시를 들어 보자. 택시를 타려는 사람이 있다. 운전하는 사람은 기사이고, 타는 사람은 승객이다. 승객은 내려 회사로 출근하면 직원이 된다. 업무 창구에서 고객을 응대할 때는 상담원이 되고, 문의자는 다시 고객이 된다. 퇴근해 지하철을 타면 다시 승객이다. 집에 돌아가면 가족을 맞이하는 남편 또는 아내가 되고, 아이들에게는 아빠나 엄마가 된다. 더 큰 관점으로 보면, 우리는 한 국가의 시민이며, 지구에 존재하는 무수한 생명 중 하나다. 우주의 거대한 흐름 속에 존재하는 찰나의 물질이기도 하다.

이쯤에서 다시 질문해 본다. "나는 누구인가?", "나를 '이것이다.'라고 명확히 표현할 수 있는가?" 만일 그렇게 명확히 정의할 수 없다는 사실을 깨닫는다면, 우리는 자신을 고정된 하나의 존재로 규정하는 대신 있는 그대로 관찰하게 된다.

이처럼 우리 자신을 이루는 정체성 중 그 어느 것도 확실히 나라고만 할 수는 없다. 하지만 동시에 그 모든 것이 다 나 자신이기도 하다. 우리는 나이면서도 나가 아닌 그 사이 어딘가에서 살아가는 존재인 셈이다.

그렇다고 "그중 무엇이 진정한 정답인가?"라고 묻는다면 쉽게 답할 수 없다. 그래서 노자도 말했다. "누군가 '바로 이것이 진정한 도다!'라고 규정한다면, 그것은 이미 영원한 도가 아니다."라고. 다시 말해, "이것이 정답이다!"라고 이름 붙이는 순간, 그것은 영원하지 않은 진리가 된다는 것이다. 이를 요약하자면, 우리가 살아가는 우주는 모호함 속에서 존재하고, 흘러간다. 이것이 바로 자연의 이치이자, 노자가 말한 진정한 도의 모습이다.

이런 도의 모습과 같은 맥락의《도덕경》구절이 있다.

"무명無名은 천지의 시작이고, 유명有名은 만물의 어머니이다. 그러므로 언제나 무無로부터 도道의 오묘함을 살펴 깨달을 수 있고, 유有로부터 도의 단서를 살펴 깨달을 수 있다. 무와 유는 동일한 것으로부터 나와 서로 다른 이름으로 불리지만, 모두 현묘하고 심오하다. 현묘하고 또 현묘하니, 우주 천지 만물의 오묘함의 문門이다."

'무'와 '유'는 끊임없이 순환하며, 서로를 존재하게 한다. 이러한 관계는 자연의 여러 현상에서 쉽게 관찰할 수 있다. 이를테면, 겨울의 추위 속에서 식물들은 생명을 잃은 듯 잠들어 소멸한 것처럼 보이는데, 이는 일종의 무의 상태다. 그러나 봄이 찾아오면 대지는 다시 깨어나 싹을 틔우고, 꽃을 피우며, 생명이 만개한다. 이렇게 무의 상태에서 유가 탄생하고, 다시 유는 무의 상태로 돌아가는 순환이 반복된다.

인간의 삶과 죽음 또한 비슷한 원리로 설명할 수 있다. 생명체가 죽음을 맞이하면 그 구성 물질은 흩어져 자연으로 돌아가고, 개체의 존재는 일종의 무의 상태로 바뀐다. 그러나 흩어진 물질과 에너지는 언젠가 다시 모여 새로운 생명을 이루고 태어난다. 삶과 죽음은 이와 같이 무와 유의 끊임없는 교차 속에서 서로를 존재하게 하며, 어느 한쪽만으로는 완벽히 설명될 수 없다.

우주의 별들도 예외가 아니다. 가스와 먼지로 이루어진 성운이 응축되고, 새로운 별이 탄생하는 것은 무의 상태에서 유로 전환하는 과정이다. 별은 수명이 다하면 초신성 폭발을 일으키며 파괴되고, 다시 성운으로 흩어져 무의 상태로 돌아간다. 흩어진 성운은 또 다른 별의 탄생을 위한 재료가 되며, 무와 유의 순환을 지속한다.

우주 또한 이러한 원리를 따를 가능성이 있다. 빅뱅이라는 거대한 폭발을 통해 무의 상태에서 유의 상태로 우주가 형성되었다. 현재의 우주론에 따르면, 지금도 팽창을 지속하는 우주는 언젠가 중력의 작용으로 다시 수축하여 빅 크런치 Big Crunch 를 통해 무의 상태와 유사한 형태로 돌아갈 가능성이 있다고 예측된다. 만약 그렇다면 또 다른 빅뱅을 통해 새로운 우주가 탄생할 수도 있다. 따라서 무와 유는 단순한 시작이나 끝이 아니라 끊임없이 교차하며 연결되는 존재의 근본적 순환을 이루고 있는지도 모른다.

이러한 개념은 현대 물리학의 양자역학에서도 잘 나타난다. 양자역학에 따르면 빛과 같은 물질들은 '입자'와 '파동'의 성질을 동시에 가진다. 이때 입자란, 쉽게 말하면 작은 돌멩이나 구슬처럼 정확한 위치와 모양이 있는 알갱이를 말한다. 예를 들어, 우리가 책상 위에 연필을 놓았을 때, 연필은 분명한 위치와 형태를 가진 입자처럼 존재한다. 반면, 파동은 호수에 돌을 던졌을 때 물 위로 둥글게 퍼져 나가는 물결처럼 정확한 위치 없이 넓게 퍼지는 성질을 가진다. 또 일상에서 흔히 듣는 소리도 파동의 성질을 가진다. 누군가의 목소리는 공기 중으로 넓게 퍼져 나가므로 멀리서도 들을 수 있지만, 정확한 위치나 모양은 없다. 이러한 입자와 파동의 성질을 동시에 갖는다는 사실을 대표적으로 입증하는 것이 바로 '이중슬릿 실험'이다. 이 실험은 과학계에 큰 충격을 가져왔고, 기존의 물리학적 상식을 근본부터 흔드는 계기가 되었다.

물론,《도덕경》을 쓴 노자는 과학자가 아니다. 굳이 표현하자면 철학자이자 사상가다. 앞서 그의 주장을 더 생생하게 전달하기 위해 현대 과학의 예시들을 빌려왔지만, 엄밀한 시선으로 보면 과학적으로는 부족하고, 심지어 억지스럽게 보일 수 있다. 하지만 중요한 건 노자가 이미 오래전에 자연의 순환을 깊이 관찰하고, 그 속에서 놀라운 통찰을 얻었다는 사실이다. 그의 통찰은 완벽한 정답이 아닐지 몰라도, 현대 과학의 발견과도 결코 동떨어지지 않으며, 때로는 그 개념과 유사한 지점에 다가서 있다. 여기에 노자의 진정한 쓸모와 가치가 있다. 노자는 닫혀 있는 우리의 사고를 열어, 새로운 가능성으로 안내한다. "이렇게도 생각해 볼 수 있지 않을까?"라는 작은 질문 하나로 우리의 사고를 더욱 유연하고, 깊어지게 해주니까. 이것이 바로 노자의 사상이 오늘날 우리에게 여전히 의미 있는 이유다.

---

* 작가의 한 줄 *

진정한 답에는 이름을 붙일 수 없다. 완벽하게 정의하려 할수록 놓치게 되니, 그저 자연스럽게 관찰하자.

02   본질은 언제나
       단순하고 명확하다

나의 말은 참으로 알기 쉽고,
실천하기도 쉽습니다.
그런데도 세상 사람들은
아무도 그것을 이해하지 못하고,
행하지도 못합니다.
모든 말에는 근본적인 의미가 있고,
모든 일에는 중심되는 원칙이 있지만,
사람들이 그것을 깨닫지 못하기 때문에
나를 제대로 알아주지 못합니다.
나를 알아주는 사람이 드물다는 것은
오히려 나의 가치를 높여주는 것입니다.
그래서 성인은 겉으로는 거칠고 소박한 옷을 입고 있지만,
마음속에는 빛나는 보석을 품고 있는 것입니다.

- 《도덕경》 중에서 -

"나의 말은 참으로 알기 쉽고, 실천하기도 쉽습니다. 그런데도 세상 사람들은 아무도 그것을 이해하지 못하고, 행하지도 못합니다."

노자의 도덕경 수업

심리학에는 '지식의 저주 Curse of Knowledge'라는 개념이 있다. 이는 자신이 알고 있는 것을 다른 사람도 당연히 알고 있을 것이라고 착각하는 현상을 말한다. 특히 전문 지식이 많을수록 이러한 경향은 더 심해진다고 한다. 이 현상이 위험한 이유는, 어떤 지식을 알고 나면 그것을 모르던 상태로 돌아가기가 매우 어렵기 때문이다. 그 결과, 인지 편향이 생기고, 타인의 입장을 이해하지 못하는 공감 결여 현상으로까지 이어질 수 있다.

혹시 금융이나 IT, 부동산 분야의 전문가에게 상담을 받아본 적이 있는가? 그렇다면 아마 이 말에 크게 공감할 것이다. 금융 전문가는 "레버리지 비율과 선물 옵션의 증거금 문제로 인해 포트폴리오가 리밸런싱되어야 한다."고 말하고, IT 컨설턴트는 "백엔드 프레임워크와 데이터베이스의 ORM 최적화를 통해 로드 밸런싱을 개선하겠다."고 설명하며, 부동산 중개인은 "이 지역은 용적률과 건폐율 규제 때문에 향후 재건축 시 수익률을 고려하면 다소 불리할 수 있다."고 조언한다. 이럴 때 대부분은 그 뜻을 정확히 이해하기 어렵다. 물론, 해당 분야를 공부한 사람이라면 충분히 이해할 수 있지만, 그렇지 않은 일반 소비자에게는 내용이 쉽게 전달되지 않는다. 전문가가 소비자에게 쉽게 설명하고 설득해야 할 입장이라면, 이런 전문 용어의 나열은 오히려 소통에 실패하는 셈이다.

이러한 지식의 저주를 검증하기 위해 스탠퍼드 대학교에서는 흥미로운 실험을 진행한 적이 있다. 이 실험에서 첫 번째 그룹은 '두드리는 사람' 역할을 맡아, 자신이 잘 아는 유명한 노래의 멜로디를 손가락으로 테이블 위에 두드려 연주했다. 두 번째 그룹은 '듣는 사람' 역할을 맡아, 오직 두드리는 소리만 듣고 어떤 노래인지 알아맞히는 과제를 수행했다. 이에 두드리는 사람들은 듣는 사람들이 자신이 연주한 노래의 약 50% 정도는 맞힐 수 있을 거라고 예상했다. 그러나 실험 결과는 완전히 달랐다. 듣는 사람들이 총 40곡 중 단 한

곡만 맞혀, 예상 적중률 50%에 한참 못 미치는 2.5%의 실제 적중률을 기록한 것이다.

이런 결과가 나온 이유는 두드리는 사람의 머릿속에서는 노래의 멜로디가 매우 선명하게 울리는 반면, 듣는 사람에게는 멜로디가 전혀 들리지 않기 때문이다. 즉, 두드리는 사람 입장에서는 자기가 어떤 곡을 연주하는지 분명히 알고 있지만, 상대의 귀에는 그저 테이블을 두드리는 무의미한 소리만이 들릴 뿐이다.

지식의 저주와 연결된 또 하나의 문제가 있다. 바로 '권위 편향 Authority Bias'이다. 이는 사람들이 권위 있는 인물이나 전문가의 의견에 비합리적으로 영향을 받는 현상을 뜻한다. 이로 인해, 전문가들은 점점 더 어려운 용어를 남발하게 된다. 어렵게 말할수록 사람들이 이해하지 못하고, 이해하지 못하는 만큼 그 말을 한 사람을 뛰어난 전문가처럼 생각하기 때문이다. 이런 과정이 반복되면, 전문가 본인조차도 쉽게 설명하는 방법을 잊어버리게 된다. 또 이렇게 만들어진 환경 속에서 사람들은 자연스럽게 "전문 용어를 써야 신뢰가 간다."는 모순에 빠져든다. 어려운 용어 때문에 내용을 제대로 이해하지 못하면서도, 그 이해되지 않는 말이 오히려 상대의 전문성을 높게 평가하는 역설이 만들어지는 것이다.

"간단히 설명하지 못한다면, 충분히 이해하지 못한 것이다." 확실한 근거는 없지만, 알베르트 아인슈타인의 말이라고 전해진다. 여기서 그 출처를 따지자는 게 아니다. 다만, 분명한 것은 그가 항상 이런 자세를 가지고 있었다는 점이다. 그는 "어린아이에게 설명할 수 없다면, 그 개념을 완전히 이해한 것이 아니다."라고 말하며, 어떤 지식이든 명확히 이해했다면 누구에게든 쉽게 전달할 수 있어야 한다고 강조했다.

이러한 쉬운 표현과 관련해 노자는 이렇게 말했다. "나의 말은 참으로 알기 쉽고, 실천하기도 쉽다. 그런데도 세상 사람들은 아무도 그것을 이해하지 못하고, 행하지도 못한다." 노자가 전달하고자 하는 바가 복잡한 이론이나 철학적 체계가 아니다. 그저 누구나 쉽게 관찰할 수 있는 자연의 순환 원리로 세상의 이치를 설명한다. 하지만 사람들은 오히려 이런 간단하고 쉬운 표현 때문에 그의 말을 가볍게 여기고 흘려보낸다. 노자의 이 한마디는 이 같은 인간의 습성을 정확히 꿰뚫어 보고 있다.

이쯤에서 2009년, 〈브리튼스 갓 탤런트〉에 출연한 수잔 보일의 일화를 나눠볼까 한다. 오디션 당시 그녀의 나이는 47세였다. 다소 나이가 많고, 수수한 외모 탓에 심사위원과 관객들은 그녀에게 큰 기대를 하지 않았다. 게다가 그녀를 보며 킥킥 웃거나 무시하는 사람들도 있었다. 그런 그녀에게 심사위원 사이먼 코웰은 의심 어린 눈빛으로 그녀에게 물었다. "꿈이 뭐예요?" 수잔 보일은 가수가 되는 것이라고 답했다. 사이먼은 다시 물었다. "그 꿈이 왜 아직까지 이루어지지 않았을까요?" 그러자 수잔 보일은 당당하게 대답했다. "기회가 없었어요. 그래서 지금 여기서 바꾸고 싶습니다." 하지만 관객들의 표정은 여전히 떨떠름했다.

모두의 의심 속에서 그녀는 뮤지컬 〈레미제라블〉의 'I Dreamed a Dream'을 부르기 시작했다. 첫 소절이 울려 퍼지자 순식간에 모든 사람의 표정이 변했다. 불과 몇 초 만에 심사위원들은 놀라 입을 다물지 못했고, 관객들은 환호와 박수로 화답했다. 그녀의 목소리는 숨 막히도록 아름다웠으며, 사람들은 노래가 끝나기도 전에 자리에서 일어나 기립박수를 보냈다. 그 순간 그 자리에 있는 모든 이가 그녀를 사랑하게 되었다.

만약 수잔 보일이 외적으로 더 아름답게 꾸미고, 화려한 언변을 갖추었다면, 과연 그렇게까지 의심받았을까? 아마 그렇지 않았을 것이다. 우리는 이처럼 단순하고, 평범해 보이는 요소에 대한 편견으로 가득 차 있다. 그래서 이름이나 브랜드에 집착한다. 유명한 학교, 큰 회사, 좋은 지역 등 화려한 명함이 실력을 대변한다고 믿는다. 그러나 진정한 고수들은 그런 대상들에 연연하지 않는다. 물론, 이름과 브랜드를 잘 활용해 생산적인 결과를 얻을 수도 있지만, 그들에게 그런 외적인 부분들은 단지 하나의 작은 장식일 뿐이다. 그것들이 그들의 본질이나 가치를 결정하지 않는다는 사실을 우리는 잊지 말아야 한다.

"모든 말에는 근본적인 의미가 있고, 모든 일에는 중심되는 원칙이 있지만, 사람들이 그것을 깨닫지 못하기 때문에 나를 제대로 알아주지 못합니다."

나 역시 이런 권위 편향에 빠져 있었다. 이런 나에게 큰 충격을 준 것은 의외로 동화나 우화 같은 아동 서적이었다. 한때 나는 세계적 석학들의 책에 심취하여 일부러 어렵고, 권위 있는 책들만 찾아 읽었다. 유명한 지식인의 말이니 펜으로 한 줄도 놓치지 않으려 애쓰며, 꼼꼼히 읽었다. 그러다 보니 나도 모르게 '나는 이 정도 수준의 책을 읽는 사람'이라는 이상한 계층 의식이 자리 잡았다.

그러던 어느 날, 무심코 서점의 아동 서적 코너를 기웃거리다가 가벼운 마음으로 한 권을 집어 들었는데, 책장을 넘기는 손을 멈출

수가 없었다. 그 속에는 너무나 깊고 넓은 지혜가 담겨 있었고, 어린아이도 쉽게 이해할 수 있도록 풀어낸 따뜻한 언어가 배어 있었다. 누구라도 독자가 될 수 있도록 배려한 저자의 다정한 마음이 곳곳에 스며 있었다.

그렇게 어린이의 눈높이에 맞춘 책을 읽으며, 내가 그동안 이해했다고 믿어왔던 개념들의 진짜 본질을 새롭게 깨달았다. 심지어 "이렇게 간단하고 쉬운 것이었구나." 하며 감탄하기도 했다. 전문 서적에서 놓쳤던 핵심을 아동 서적이 정확히 짚어준 셈이다. 그리하여 어릴 적에도 분명 읽었던 이야기가 전혀 다른 차원의 깨달음으로 다가왔다. 그 단순한 이야기 안에 수많은 현인과 지성인의 가르침이 겹겹이 겹쳐 있었다. 그런 의미에서 우리에게 너무나도 익숙한 〈미운 오리 새끼〉 이야기를 다시 한번 찬찬히 들여다보자.

어느 오리 둥지에서 유독 못생긴 새끼 오리 한 마리가 태어났다. 다른 형제들과 다르게 생긴 탓에 그는 형제들에게 괴롭힘을 당했고, 다른 동물들 역시 크고 못생겼다며 그를 비웃었다. 결국 미운 오리 새끼는 슬픔을 견디지 못하고 농장을 떠나 방랑하기 시작했다. 숲과 들판을 지나면서 친구를 사귀고 싶었지만, 아무도 그를 반겨주지 않았다. 그러는 동안 시간이 흘러 매서운 눈보라가 휘몰아치는 겨울이 찾아왔고, 미운 오리는 얼어붙은 호수 위에서 홀로 생존을 위해 고군분투했다. 혹독한 겨울이 끝나고 따뜻한 봄이 다시 찾아왔을 무렵, 미운 오리는 연못에서 우아하게 헤엄치는 아름다운 백조 떼를 보게 된다. 그는 부러운 마음에 조심스럽게 백조들에게 다가갔다. 그때 물 위에 비친 자기 모습을 보고는 깜짝 놀란다. 자신 또한 아름답고 우아한 백조가 되어 있었던 것이다. 주변의 백조들은 그를 따뜻하게 맞이했고, 그는 비로소 자신이 원래부터 백조였음을 깨달았다. 그 후로 그는 새로운 가족과 친구들 속에서 진정한 행복과 자존감을 누리며 살아가게 되었다. 또 자기 자신을 사랑할 줄 알게 되었고, 과거의 외롭고 슬펐던 시간조차도 자신을 성장시키기 위한 소중한 경험으로 간직할 수 있게 되었다.

 이 얼마나 쉽고, 아름다운 이야기인가. 어른이 되어 다시 보니, 예전에는 깨닫지 못했던 깊은 삶의 지혜들이 눈에 들어온다.《어린 왕자》역시 마찬가지다. 많은 사람이《어린 왕자》를 두고 '어른이 되어서야 다시 읽어야 하는 어린이의 책'이라고 말한다. 본질이 담긴 존재들에는 이처럼 깊은 의미가 있고, 그 중심에는 단순하고 명확한 원칙이 존재한다. 눈에 보이는 주변의 요소만 바라본다면, 이 가치를 헤아릴 수 없다.

그러니 곰곰이 생각해 보자. 너무 복잡하고 화려한 것들만 쫓느라 가장 단순하고 소중한 삶의 가치를 놓치고 있지는 않은지 말이다. 그리고 쉽게 이해되는 것을 가볍게 여기고, 어렵고 난해해야만 깊이가 있다고 믿고 있다면, 그 고정관념을 당장 떨쳐버리자. 그런 편견이 본질에서 멀어지게 만드니까.

노자의 말대로 우리가 놓쳐온 삶의 진정한 지혜는 알고 보면 아주 쉽고 간단하다. 어린 시절 읽었던 동화 속에 혹은 너무 당연하다고 여겨 무심코 지나친 일상 어딘가에 숨어 있을지도 모른다. 그러니 때로는 마음을 비우고, 어린아이의 순수한 눈으로 다시 세상을 바라보자. 어쩌면 그 조용한 시선이 머문 곳에서 오래도록 우리를 기다려온 소중한 보물을 만나게 될지도 모를 일이다.

✻ 작가의 한 줄 ✻

진정한 이해는 간단하고, 명확하게 설명할 수 있는 능력에서 드러난다.

03 모르는 것을 모른다고 말할 줄 아는 용기도 지혜다

스스로 알지 못한다는 사실을
제대로 아는 것이 가장 뛰어난 것이다.
알지도 못하면서 스스로 안다고 하는 것은 병이다.
오직 자신의 병을 병으로 인식하기에,
진정한 병이 되지 않는다.
성인에게 병이 없는 이유는,
자신의 병을 병으로 알아차리기 때문에
병이 없는 것이다.

- 《도덕경》 중에서 -

"스스로 알지 못한다는 사실을 제대로 아는 것이 가장 뛰어난 것이다. 알지도 못하면서 스스로 안다고 하는 것은 병이다."

소크라테스도 같은 말을 한다. "소크라테스가 그리스에서 가장 지혜롭다."라는 신의 메시지를 받은 그는 이 말을 수긍할 수 없었다. 그 의미를 찾기 위해 사회에서 지식인이라고 불리는 수많은 사람을 찾아가 대화를 나눈 결과, 깨달음을 얻었다. 그들은 자신이 무지하다는 사실을 모르고 있었다는 사실이다. 하지만 소크라테스는 자신이 모르는 것에 대해 분명히 모른다고 말했다. 따라서 중언부언하지 않고 간결했다.

공자 역시 우리에게 무릎을 탁 칠만한 가르침을 준다. 그는 제자에게 말한다. "너에게 앎에 대해 가르쳐 주겠다. 아는 것을 안다고 하고, 모르는 것을 모른다고 하는 것, 이것이 진정한 앎이다." 기가 막힌 말이다. 평생 앎을 추구한 공자가 제자에게 줄 수 있는 최고의 가르침이 아닐까? 그야말로 무언가를 알게 될수록 오만해지는 마음을 잡으라는 스승으로서의 훌륭한 지도였다.

노자와 소크라테스, 공자처럼 오래도록 기억되는 현인들이 같은 말을 반복한 이유는 무엇일까. 그들이 무지를 강조한 것은 단지 지식의 한계를 말하기 위함이 아니었다. 오히려 인간 안에 스며든 오만과 자기 과신을 경계하며, 끊임없이 스스로의 한계를 자각하고, 겸손함을 잃지 않기를 바란 깊은 뜻이 담겨 있다. 그리고 모른다고 인정하는 용기는 우리를 더 큰 앎으로 안내하는 지혜로운 첫걸음이다.

"오직 자신의 병을 병으로 인식하기에, 진정한 병이 되지 않는다."

붓다 역시 비슷한 뜻을 담아 깊은 가르침을 남겼다. 그의 제자 중 말룽끼야뿟따라는 사람이 있었다. 그는 혼자 고요히 수행을 하던 중, 문득 몇 가지 의문이 들었다. 이에 붓다를 찾아가 물었다. "부처

님, 제가 홀로 수행을 하던 중 다음과 같은 의문이 생겼습니다. 이 세계는 영원합니까, 아니면 영원하지 않습니까? 영혼과 육체는 같은 것입니까, 다른 것입니까? 여래는 사후에도 존재합니까, 존재하지 않습니까? 부처님께서는 이런 질문에 명확히 답해주지 않으셔서 저는 큰 혼란과 불만을 품고 있습니다. 이번에도 답을 주지 않으신다면 저는 수행을 포기하고 세속으로 돌아가겠습니다. 세존이시여, 아시면 '안다'라고, 알지 못하시면 '알지 못한다'라고 솔직히 말씀해 주십시오." 말룽끼야뿟따는 강한 의지를 담아 붓다의 말을 기다렸고, 붓다는 이렇게 답했다. "내가 그대의 이런 질문에 답을 줄 테니 나를 따르라고 했더냐? 내가 너에게 이런 것을 약속한 적이 있느냐?" 그러자 제자는 "아닙니다, 그런 말씀을 하신 적은 없습니다."라고 대답했다. 붓다는 다시 말을 이어갔다. "어리석은 자여, 사정이 이러한데 누가 누구에게 책임이 있겠느냐?" 그러면서 유명한 '독화살의 비유'를 들었다. "어떤 사람이 독이 묻은 화살을 맞았다 하자. 그의 가족과 친구들이 급히 그를 의사에게 데려갔으나, 그는 말한다. '나에게 화살을 쏜 자가 왕족인지 성직자인지 평민인지 노예인지 알려주기 전에는 화살을 뽑지 않겠다. 나에게 화살을 쏜 자의 이름과 성을 알기 전에는 결코 이 독화살을 뽑지 않겠다. 화살을 쏜 자의 키와 출신지, 피부색, 그가 쏜 활이 어떤 활인지, 활의 줄은 무엇으로 만들었는지를 알기 전까지는 결코 이 화살을 뽑지 않겠다.'"

그러고는 이렇게 말을 마무리했다. "말룽끼야뿟따여, 그 자는 자신이 궁금해하는 모든 것을 알기도 전에 죽음에 이를 것이다. 그대가 내게 한 질문 역시 이와 같다. 내가 설한 것은 괴로움과 괴로움이 일어나는 원인과 괴로움의 소멸과 괴로움의 소멸로 이끄는 길이다. 이것이야말로 유익하고, 깨끗한 수행과 깊은 관계가 있느니라. 그러므로 나는 설명해야 할 것을 설명했고, 설명하지 않아야 할 것은 설명하지 않았느니라."

정말 깊은 깨달음이 담긴 가르침이다. 그는 무엇을 가르쳐야 하는지, 또 언제 어떻게 가르쳐야 하는지를 정확히 알았다. 현실 너머의 세계에 대해 함부로 말하지 않고, 제자들이 혼란에 빠지지 않도록 신중했다. 붓다가 전한 것은 바로 '지금 이 순간'이다. 괴로움에 빠진 이들에게 먼 미래의 불확실한 질문들로 고민하지 말고, 지금 자신이 느끼는 마음을 알아차리고, 치유하라고 가르친다. 이처럼 진정한 지혜는 불필요한 의문과 망상을 내려놓고, 지금 여기에서 우리가 마주하고 있는 현실을 분명하게 바라보는 데서 출발한다.

"성인에게 병이 없는 이유는, 자신의 병을 병으로 알아차리기 때문에 병이 없는 것이다."

혹 '더닝 크루거 효과 Dunning - Kruger Effect'에 대해 들어봤는가? 쉽게 말하면, 무지할수록 자신을 과대평가하고, 지식이 쌓일수록 점점 겸손해지며, 깊게 알수록 신중해지는 심리 현상이다. 일반적으로 더닝 크루거 효과는 네 단계로 설명된다.

첫 번째 단계는 '무지의 봉우리 Peak of Mount Stupid'이다. 이 단계의 사람들은 지식이 부족해서 자신의 능력을 과대평가한다. 자신이 모르는 양을 파악하지 못함에 따라 근거 없는 자신감에 가득 차 있다.

두 번째 단계는 '절망의 계곡 Valley of Despair'이다. 이 단계에서는 조금씩 지식을 얻으면서 본인의 실제 능력이 얼마나 부족한지를 서서히 깨닫게 된다. 새롭게 알게 된 정보와 현실의 복잡성으로 인해 혼란에 빠지고, 기존의 과도했던 자신감은 급격히 떨어지며, 좌절과 무력감을 느낀다. 이로써 자신의 능력에 대한 신뢰가 가장 낮아지는 때다.

세 번째 단계는 '깨달음의 오르막 Slope of Enlightenment'이다. 이 구간에는 지속적인 학습과 경험 축적을 통해 실제 능력이 향상되고, 자신이 아는 것과 모르는 것을 더 명확히 구분할 수 있게 된다. 지식과 경험이 쌓이면서 이해의 폭이 깊어지고, 과거의 좌절감에서 벗어나 자신감을 서서히 회복해 간다.

마지막 네 번째 단계는 '지속가능성의 고원Plateau of Sustainability'이다. 지식과 경험이 풍부한 전문가의 영역에 진입하는 지점이다. 자신의 능력을 현실적으로 인지하고, 자신감을 균형 있게 유지하며 생활한다. 이 단계에 이른 사람들은 자신의 강점과 약점을 명확히 파악할 수 있는 동시에 부족한 부분이 여전히 존재한다는 사실을 인정하며, 지속적인 배움과 성장을 추구한다.

이를 통해 우리는 무지할수록 본인을 과대평가한다는 사실을 알 수 있다. 그런 사람들은 옳고 그름을 지나치게 단정적으로 판단하며, 주변과 갈등이 잦다. 자신의 문제를 객관적으로 바라보기 어려워서, 부정적인 일이 생기면 아주 자연스럽게 타인이나 외부 탓으로 돌리는 경향이 강하다. 때로는 근거 없는 주장을 강하게 내세우기도 한다. 이런 상황이 반복될수록 인지 편향은 점점 더 심해진다.

심리학자들은 우리가 대부분의 시간을 무의식적으로 살아간다고 말한다. 습관이 우리를 이끌기 때문이다. 이렇게 무의식 속에서 무엇이 일어나고 있는지 알아차리지 못하면, 결국 마음의 병이 생긴다. 본인의 오만과 편견을 자각하지 못하게 되는 것이다. 이 점에서 노자의 말은 깊은 통찰을 준다. "자신의 병을 병으로 알아차리기 때문에 병이 없다." 즉, 자신의 문제가 문제임을 깨닫기에 비로소 해결이 가능하다는 뜻이다. 이것이 곧 자연스러운 삶으로 나아가는 길이 아닐까 한다.

---

* 작가의 한 줄 *

스스로 모른다는 사실을 아는 것이 진정한 지혜의 시작이다.
무지할수록 과대평가하고, 알수록 겸손해진다.

04 애타게 찾는 해답은 언제나 내 안에 있다

사람이 꼭 직접 문밖으로 나가보지 않아도
세상에서 무슨 일이 일어나는지 알 수 있고,
꼭 창문을 열고 하늘을 직접 쳐다보지 않아도
하늘의 원리와 세상의 이치를 깨달을 수 있습니다.
오히려 사람은 밖으로 멀리 돌아다니면서
뭔가를 많이 보려고 할수록
지혜는 점점 더 적어지고, 혼란스러워집니다.
진정으로 현명한 사람은
직접 돌아다니지 않아도 세상을 꿰뚫어 알고,
직접 보지 않아도 마음으로 깨달아 밝아지고,
억지로 무언가를 하려고 애쓰지 않아도
자연스럽게 모든 일을 이루게 됩니다.

― 《도덕경》 중에서 ―

"사람이 꼭 직접 문밖으로 나가보지 않아도 세상에서 무슨 일이 일어나는지 알 수 있고, 꼭 창문을 열고 하늘을 직접 쳐다보지 않아도 하늘의 원리와 세상의 이치를 깨달을 수 있습니다."

노자의 《도덕경》에서 내가 가장 좋아하는 대목이다. 내 인생을 바꾼 문장이기도 하다. 당시 나는 열심히 살아가고는 있었지만, 삶의 방향을 제대로 찾지 못하고 있었다. 뚜렷한 목적이나 깊은 생각 없이 무작정 부딪히기만 하는 나날이었다. 그렇게 의미 없는 하루가 계속 반복되던 어느 날, 길을 걷다 문득 이런 생각이 머릿속을 스쳤다. '혹시 이 세상은 게임과 같은 게 아닐까?' 곧이어 이런 생각도 뒤따랐다. '만약 세상이 정말 게임이라면, 분명 어떤 패턴이 있을 것이다.'

그 이전의 나는 삶에도 분명한 패턴이나 원리가 있다는 생각을 하지 못했다. 사물의 본질이나 이치를 깊게 고민하지 않고, 무작정 행동으로만 부딪혀왔다. 마치 어떤 물건을 조립할 때 설명서를 읽지 않고, 감각에만 의존해 끼워 맞추는 것과 비슷했다. 운 좋게 몇 번은 그렇게 성공하기도 했다. 그럴 때면 마치 대단한 요령을 발견한 것처럼 '역시 이런 건 느낌대로 해야지!'라며 우쭐해하곤 했다.

하지만 문제는 그보다 난이도가 높은 물건을 조립할 때였다. 복잡하고 크기가 큰 제품 앞에서는 이전의 주먹구구식 방법이 전혀 통하지 않았다. 본능과 감각에만 의지할수록 나사는 마모되고, 조립 순서가 엉켜 처음부터 다시 시작해야 하는 일이 부지기수였다. 그럴 때마다 자신감은 점점 무너지고, 피로감과 좌절감만 쌓였다.

만약 처음부터 조금 시간을 내서 설명서를 꼼꼼히 읽었더라면 어땠을까? 시간을 투자하여 미리 시뮬레이션을 해가며 조립했다면, 훨씬 깔끔하게 문제없이 완성할 수 있었을 테다. 처음에는 더디고 번거롭게 느껴질지라도, 결과적으로는 오히려 더 빠르게 작업을 마칠 수 있다. 또한 한번 제대로 이치와 원리를 이해하고 나면, 다음에 비슷한 문제를 만났을 때도 훨씬 쉽게 해결할 수 있다. 이미 공식을 이해하고 있는 덕분이다.

나는 삶 또한 설명서를 보지 않고 무작정 끼워 맞추듯 살아왔다. 그러다 문득 세상에도 게임처럼 일정한 패턴이 존재할 수 있으며, 내가 그 게임 속의 플레이어라는 사실을 깨닫게 되었다. 어릴 적 주변에는 유독 게임을 잘하는 친구들이 있었다. 아쉽게도 나는 그런 부류에 속하지 못했다. 게임을 잘하는 친구들의 특징은 게임의 패턴을 금방 이해한다는 점이었다. 어떤 친구는 본능적으로 패턴을 파악했고, 또 다른 친구는 미리 공략집을 꼼꼼히 읽고 게임에 임했다. 그리고 그들은 시간이 흐를수록 실력이 꾸준히 늘어나, 어느 순간 따라잡을 수 없는 격차를 만들어 냈다.

삶도 마찬가지였다. 내가 보기에 인생을 자신만의 방식대로 잘 살아가는 사람들은 삶의 이치와 원리를 파악하려고 노력한 이들이었다. 그들은 삶이 지닌 패턴과 공식을 이해하기 위해 독서나 여행 같은 다양한 활동을 통해 세상을 탐구했다. 나는 그제야 독서의 중요성을 절실히 깨달았다. 그리고 하던 모든 일을 잠시 멈추고, 약 3년간 책에만 온전히 몰입했다. 내가 살아가는 우주의 이치, 그 설명서를 제대로 읽어야만 내 인생의 방향을 찾을 수 있다고 생각해서였다.

마음과 달리 세상을 파악하기 위해서는 알아야 할 게 너무 많았다. 문학, 사회, 수학, 과학, 경제, 인문학 등 그동안 놓쳐왔던 요소가 수두룩했다. 그래도 멈추지 않고, 다시 초등학교로 돌아간다는 마음으로 기초부터 읽어 나갔다. 그 과정에서 어려움의 벽을 만나 좌절하기도 했지만, 학창 시절에는 느끼지 못했던 배움의 희열을 경험했다.

그렇게 긴 시간 동안 독서를 이어가자 신기한 변화가 찾아왔다. 특별히 달라지지 않은 듯한데도 나의 능력치가 상승한 게 느껴졌다. 특히 가까운 사람들과 대화할 때 그런 변화가 뚜렷하게 나타났다. 이전에는 어떤 주제로 이야기를 하더라도 사람들이 내 말에 큰 관심을 보이지 않았다. 그저 지나가는 소음처럼 느껴졌을 뿐이었다. 그런데 그들이 내 말에 집중하기 시작했고, 내가 가진 생각과 관점에 귀를 기울였다. 심지어 어떤 사람들은 "어떻게 그런 생각을 할 수 있느냐?"라며 감탄하듯 물어오기도 해서 당황스러울 때도 있었다. 마치 하루아침에 내가 다른 사람이 된 기분이었다.

그렇다고 해서 내가 세상의 모든 이치를 깨달았거나, 다른 사람들보다 뛰어난 사람이 된 건 아니다. 여전히 배워야 할 것도 많고, 부족한 점도 많다. 다만, 이 세상을 살아가는 데 있어 이치와 패턴을 이해하는 일이 얼마나 중요한지 깨달았고, 그것이 가져다주는 변화를 체감했다는 뜻이다.

나는 여기에 세상의 이치를 파악해야 하는 이유가 있다고 본다. 이미 말했듯이 다양한 패턴을 이해하게 되자, 그동안 복잡하고 얽혀 있던 문제와 사건들의 본질이 한층 더 또렷하게 보이기 시작했다. 그것은 근본적인 원리 즉, 본질을 파악한 덕분이다. 여기서 말하는 본질이란, 단순하면서도 가장 원초적인 것이다. 이를 염두에 두고, 복잡한 문제에서 파생된 수많은 갈래의 근원을 찾아 그 이전으로 거듭 거슬러 올라가다 보면, 결국 비교적 가장 근본적인 진리에 다다르게 된다. 그리고 그 원초적 진리로부터 문제를 다시 바라보면, 처음에는 복잡하게 얽혀 보이던 일들도 한결 수월하고, 단순하게 다가온다.

노자는 이런 맥락에서 다음과 같은 말을 했다. "꼭 창문을 열고 하늘을 직접 쳐다보지 않아도 하늘의 원리와 세상의 이치를 깨달을 수 있다." 이 얼마나 아름다운 문장인가. 이 짧은 글귀 속에 인류가 축적해 온 모든 지혜가 함축되어 있는 듯하다.

"오히려 사람은 밖으로 멀리 돌아다니면서 뭔가를 많이 보려고 할수록, 지혜는 점점 더 적어지고, 혼란스러워집니다."

지혜에 대한 이야기가 나온 김에, 노자가 말한 지혜에 대해 덧붙여본다. 그는 지식은 나날이 쌓아가야 하지만, 지혜는 반대로 덜어냄에 그 미덕이 있다고 했다. 과도한 앎의 욕구가 도리어 우리를 더 깊은 무지로 이끌 수 있다는 뜻이다. 역사 속에서도 이와 비슷한 통찰을 남긴 이가 여럿 있다.

"고기 한 점을 먹고 솥 안의 고기 맛 전체를 알며, 깃털과 숯을 매달아 방의 공기가 건조한지 습한지를 알 수 있다. 이것은 작은 것으로 큰 것을 이해하는 것이다. 떨어지는 나뭇잎 한 장을 보고 한 해가 저물었음을 알고, 항아리 속의 얼음을 보고 천하가 추워졌음을 안다. 이것이 바로 가까운 것으로 먼 것을 논하는 것이다." 이 글은 회남왕 유안과 그의 학자들이 편찬한 《회남자》의 한 대목이다.

명문이다. 우리가 흔히 "척 보면 척이다."라고 표현하듯, 각 분야의 고수들은 아주 조금만 보아도 상대방의 수준을 파악할 수 있다. 가령, 깨달은 농구 코치는 공을 던지는 자세만 봐도 선수의 실력을 짐작하고, 숙련된 격투기 트레이너는 주먹을 휘두르는 모습만으로 무엇을 고쳐야 할지 정확히 짚어낸다. 오랜 경력을 지닌 음악가는 연주자의 손 모양만으로도 연주의 깊이를 파악하며, 뛰어난 의사는 환자의 걸음걸이만 보고도 어떤 문제가 있는지 알아차린다. 모두 자신의 자리에서 본질을 깊이 통찰함으로써 얻은 실력이다. 또한 그들은 외부에서 수많은 지식과 이론을 습득하는 한편, 내면에 대한 탐구도 결코 소홀히 하지 않는다. 세상에는 좋은 이론과 체계가 무수히 많지만, '나는 어떻게 해야 할까?'라는 본질적인 질문을 끊임없이 던지며 스스로를 갈고 닦는 것이다.

"진정으로 현명한 사람은 직접 돌아다니지 않아도 세상을 꿰뚫어 알고, 직접 보지 않아도 마음으로 깨달아 밝아지고, 억지로 무언가를 하려고 애쓰지 않아도 자연스럽게 모든 일을 이루게 됩니다."

전 세계를 여행해야만 세상을 이해할까? 꼭 그렇지는 않다. 해외여행을 자주 다녀도 견문이 좁은 사람이 있는 반면, 가까운 곳을 잠시 다녀왔을 뿐인데 삶의 큰 이치를 깨닫는 사람도 있다. 물론, 외부에서 신선한 자극을 받을수록 영감을 얻을 가능성은 커지지만, 결국 진정한 변화는 내면에서 일어난다. 그러므로 여행에서 무엇을 얻을 수 있을지 능동적으로 고민하는 사람들은 다르다. 그들은 같은 여행을 해도 내적인 성장을 이루며, 새로운 삶의 공식을 발견한다.

13세기 페르시아의 위대한 수피 시인 잘랄루딘 루미는 이렇게 말했다. "나는 신을 찾았다. 사원에 갔지만 그곳에서는 찾지 못했다. 교회와 모스크에도 갔지만 역시 찾지 못했다. 마침내 내 마음을 들여다보았고, 거기에 그가 있었다."

루미가 말한 '신'이라는 단어를 다른 표현으로 바꿔도 좋다. 중요한 건 그가 말한 '마음속을 들여다보는 행위' 자체다. 그래서 나는 어떻게 살아야 하는지, 성공이란 무엇인지, 좋은 사람이 되려면 어떻게 해야 하는지와 같은 중대한 질문 앞에 설 때마다 이 말을 떠올린다. 외부만을 좇으며 바쁘게 살아가다 보면 어느새 길을 잃기 쉽지만, 이 말을 떠올리는 순간 일들이 오히려 자연스럽게 흘러가는 경험을 하곤 한다. 결국 우리가 애타게 찾는 해답들은 언제나 우리 안에서 조용히 기다리고 있다.

> ✻ 작가의 한 줄 ✻
>
> 삶의 진정한 해답은 결국 자기 내면에서 찾을 수 있다.

05 현재가 좋은 일인지
나쁜 일인지 아무도 모른다

수모당하는 걸 신기한 것처럼 좋아하고,
고난을 내 몸처럼 귀하게 여기십시오.
수모를 신기한 것처럼 좋아한다 함은
무엇을 두고 하는 말입니까?
낮아짐을 좋아한다는 뜻입니다.
수모를 당해도 신기한 것,
수모를 당하지 않아도 신기한 것,
이것을 일러 수모를 신기한 것처럼 좋아함이라 합니다.
고난을 내 몸처럼 귀하게 여긴다 함은
무엇을 두고 하는 말입니까?
고난을 당하는 까닭은 내 몸이 있기 때문,
내 몸 없어진다면 무슨 고난이 있겠습니까?
내 몸 바쳐 세상을 귀히 여기는 사람
가히 세상을 맡을 수 있고,
내 몸 바쳐 세상을 사랑하는 사람
가히 세상을 떠맡을 수 있을 것입니다.

― 《도덕경》 중에서 ―

"수모당하는 걸 신기한 것처럼 좋아하고, 고난을 내 몸처럼 귀하게 여기십시오."

"나를 죽이지 못하는 고통은 나를 더 강하게 만든다." 프리드리히 니체가 남긴 말이다. 그는 '힘에의 의지'라는 철학 개념을 제시했다. 좀 더 쉽게 표현하면 '힘을 향한 의지'이다. 니체는 이 세상의 모든 것이 힘을 향한 의지들로 이루어져 있다고 보았다. 따라서 삶에서 마주하는 수모와 고난 같은 역경은 자신이 가진 한계를 뛰어넘고, 더 강한 존재로 새롭게 창조될 수 있는 절호의 기회라고 생각했다. 그리고 삶을 긍정하라고 말한다. 고난 속에서 자신의 힘을 확장하고 성장시키는 것이야말로 생명의 본질이며, 이때 비로소 진정한 삶의 가치가 탄생한다고 판단한 것이다.

그러나 현실의 고난은 그리 쉽게 품어지지 않는다. 뜻대로 되지 않는 일 앞에서, 억울함과 상실 앞에서 우리는 쉽게 주저앉는다. 과연 이런 순간들을 담담히 긍정할 수 있을까?

노자는 이 지점에서 다른 관점을 제시한다. 우리를 괴롭게 만드는 일이 절대적인 불행도, 절대적인 행복도 아니라며, 시선을 바꾸라고 한다. 지금 좋은 일이 훗날 나쁜 결과로 변하기도 하고, 지금 아픈 일이 뜻밖에 나를 살리는 길이 되기도 하니, 삶을 대하는 자세가 유연해지길 권한다.

"수모를 신기한 것처럼 좋아한다 함은 무엇을 두고 하는 말입니까? 낮아짐을 좋아한다는 뜻입니다."

이런 노자의 뜻을 대변해 주는 옛 이야기가 하나 있다. 새옹塞翁이라는 노인이 아주 귀한 말 한 마리를 키우고 있었는데, 어느 날 그 말이 이웃 나라 땅으로 도망쳐 버렸다. 마을 사람들은 그가 크게 슬퍼하리라 생각하고 위로의 말을 전했다. 그런데 그는 담담한 목소리로 이렇게 말했다. "내가 왜 슬퍼해야 하는가? 이것이 오히려 좋은 일이 될지도 모르지." 놀랍게도 몇 달 뒤, 도망쳤던 말이 돌아왔다. 심지어 다른 좋은 말 여러 마리를 데리고 왔다. 이에 마을 사람들은 기쁜 마음으로 새옹에게 축하를 건넸지만, 그는 차분한 목소리로 "내가 왜 기뻐해야 하는가? 이 일이 나쁜 일로 바뀔지도 모르지."라고 했다. 그로부터 얼마 지나지 않아 노인의 아들은 그 좋은 말 중 하나를 타다가 떨어져 다리가 부러지고 말았다. 또다시 마을 사람들은 노인을 위로했지만, 여전히 그는 "이 일 역시 좋은지 나쁜지 누가 알겠는가?"라고 할 뿐이었다. 그렇게 시간이 흘러 1년 뒤 전쟁이 일어났고, 마을의 많은 젊은이가 강제로 전쟁터로 끌려가 목숨을 잃었다. 하지만 다리가 부러져 불구가 된 노인의 아들만은 부상 때문에 징집되지 않아 살아남을 수 있었다.

이 이야기에서 '인생지사 새옹지마 人生之事 塞翁之馬'라는 말이 유래되었다. 말 그대로, 우리 인생에서 벌어지는 모든 일은 그 결과를 미리 알 수 없다. 옛 선조들은 이렇게 가늠할 수 없는 거대한 운명을 하늘이 정한다고 믿었다. 그리고 우리가 할 일은 자신의 자리에서 최선을 다하며, 묵묵히 걸어가는 것이라고 했다. 이를 두고 사람들은 '진인사대천명 盡人事待天命'이라 한다. 사람이 할 수 있는 일을 다하고, 나머지는 하늘에 맡기는 것. 이 자세야말로 사소한 희비에 휘둘리지 않는 지혜다.

"수모를 당해도 신기한 것, 수모를 당하지 않아도 신기한 것,

이것을 일러 수모를 신기한 것처럼 좋아함이라 합니다."

그리스 신화에도 흥미로운 이야기가 있다. 코린토스라는 도시에 시지프라는 교활하고, 꾀가 많은 왕이 있었다. 그는 신들마저 여러 차례 속였는데, 그들을 기만하여 가두거나 질서를 어지럽히는 일까지 서슴지 않았다. 결국 신들은 시지프의 오만과 기만에 분노하여 그의 영혼을 저승 타르타로스에 보내 영원한 형벌을 내렸다. 그 형벌은 바로 커다란 바위를 산 정상까지 밀어 올리는 일이었다. 그러나 시지프가 정상에 이를 때마다 바위는 다시 굴러 떨어졌고, 그는 이 끝없는 노동을 영원히 반복해야 했다.

여기까지만 보면 '시지프가 잘못한 만큼 벌을 받았다.'라는 권선징악의 이야기처럼 들리기 쉽다. 그러나 프랑스 철학자 알베르 카뮈는 《시지프의 신화》에서 이렇게 말한다. "우리는 시지프를 행복한 사람으로 상상해야 한다." 고개가 갸웃해지는 대목이다. 끝없는 형벌을 받는 시지프가 어떻게 행복할 수 있다는 말일까? 하지만 카뮈가 말하는 행복은 쾌락이나 성취에서 오는 게 아니다. 아이러니하게도 그는 부조리한 운명 앞에서도 그것을 회피하지 않고, 온전히 껴안음으로써 얻는 기쁨을 말한다. 따라서 시지프는 더 이상 희생자가 아니다. 자신이 짊어진 삶을 스스로 감당하는 자유로운 존재다. 이 지점을 이해하면, 그의 말에 조금씩 고개를 끄덕이게 된다. 더불어 사람들이 카뮈를 '부조리의 철학자'라고 부르는 이유를 이해하게 된다.

그렇다면 카뮈가 말하는 '부조리 Absurd'란 무엇일까? 그것은 인간과 세상 사이의 근본적인 갈등이다. 인간은 삶의 의미와 목적을 간절히 바란다. '나는 왜 사는가?', '세상은 왜 이렇게 돌아가는가?', '정의란 무엇인가?'와 같은 질문을 던지며, 세상이 보다 합리적이고 명확한 해답을 주기를 기대한다.

그런데 세상은 이런 질문에 대답하지 않는다. 세상은 그저 그 자체로 존재할 뿐이다. 우리가 찾는 의미나 목적, 명확한 이유 같은 것을 가지고 있지 않다. 대신 세상은 종종 비합리적이고, 예측 불가능하며, 우리의 고통과 행복에 무관심해 보인다. 그래서 카뮈가 삶이라는 부조리한 흐름을 있는 그대로 바라보아야 한다고 말한 것인지도 모른다.

"내 몸 바쳐 세상을 귀히 여기는 사람 가히 세상을 맡을 수 있고, 내 몸 바쳐 세상을 사랑하는 사람 가히 세상을 떠맡을 수 있을 것입니다."

1978년, 심리학자 필립 브릭먼이 진행한 연구에 의하면, 인간의 행복과 불행은 다시 원점으로 돌아온다고 한다. 참고로 이 연구에서는 복권에 당첨된 사람들과 불의의 사고로 장애를 입은 사람들을 조사했는데, 복권에 당첨된 사람들은 극도의 행복감을 느꼈고, 장애를 입은 사람들은 커다란 불행과 절망을 경험했다. 그렇지만 시간이 지남에 따라 이들의 행복과 절망감의 수치는 점차 원래의 상태로 돌아갔다.

이처럼 인간은 좋은 일이 생겨도 그 행복감에 익숙해지고, 나쁜 일을 겪어도 그 상황에 적응하여 본래의 심리적 균형을 되찾는다. 즉, 외부에서 비롯된 성취감과 수모는 모두 일시적일 뿐, 영원히 지속되지 않는다는 얘기다. 심리학자들은 이를 '쾌락의 쳇바퀴 Hedonic Treadmill'라고 한다.

우리는 종종 '하고 싶은 일'과 '하기 싫은 일' 사이에서 갈등과 고통을 겪는다. 하고 싶은 욕망이 강할수록 이루지 못했을 때의 괴로움은 더 커진다. 그래서 노자는 '무위자연 無爲自然'을 강조했다. 지나치게 강한 기준이나 욕망이 있다면, 그것을 조금 내려놓으라는 뜻이다. 삶의 흐름을 조금 더 자연스럽게 맡기라는 말이다.

지금 나에게 일어난 일이 좋은 일인지 나쁜 일인지 우리는 정확히 알 수 없다. 그러니 스스로 만든 강박에서 조금 더 벗어나, 삶을 있는 그대로 받아들여 보자. 나는 이것이 노자가 우리에게 주는 조언이라고 본다.

---

* 작가의 한 줄 *

좋은 일과 나쁜 일은 언제든 바뀔 수 있다.
지금 겪는 일에 절대적인 의미를 부여하지 말라.

PART 2

흔들림 속에서
피어나는 균형

01 침묵과 겸손으로
삶의 균형을 잡아라

천하 사람들이 모두 아름다운 것을 알 수 있는 까닭은
바로 추한 것이 있기 때문이다.
천하 사람들이 모두 선한 것을 알 수 있는 까닭은
바로 착하지 않은 것이 있기 때문이다.
그러므로 유 有 와 무 無 는 상생 相生 하며,
어려운 것과 쉬운 것은 서로 어울려 형성되고,
긴 것과 짧은 것도 서로 비교하여 대조하며,
높은 것과 낮은 것도 서로 기댄다.
음 音 과 소리는 서로 어울려 조화를 이루고,
앞과 뒤는 서로 이어진다.
성인 聖人 은 무위 無爲 로써 일을 처리하고,
불언 不言 의 가르침을 행한다.
자연에 맡겨 자라도록 하되 간섭하지 않고,
만물을 기르되 점유하지 않는다.
남을 돕고도 그것을 이용하지 않고,
공을 이루고도 그 지위에 오르지 않는다.
공을 세우고도 자랑하지 않으니 공을 잃지 않는다.

- 《도덕경》 중에서 -

"천하 사람들이 모두 아름다운 것을 알 수 있는 까닭은 바로 추한 것이 있기 때문이다. 천하 사람들이 모두 선한 것을 알 수 있는 까닭은 바로 착하지 않은 것이 있기 때문이다."

노자의 도덕경 수업

학창 시절의 나는 참으로 무수히 많은 이의 뒷이야기를 했다. 그때를 돌이켜보면, 내가 규정하는 좋은 사람과 나쁜 사람의 잣대가 무척 강했다. 또 그 규정의 근거가 빈약해서 소문에 많이 흔들렸다. 예를 들면, "너 들었어? 쟤가 저번에 이런 일을 했대."와 같은 말을 들으면, 바로 현혹되어 "진짜? 와, 어떻게 그래? 어쩐지 눈빛이 안 좋더라."라고 맞장구치며 휩쓸렸다. 즉, 진위를 따지기보다는 검증되지 않은 말에 설득되어 그동안 나누었던 수많은 감정과 기억을 쉽게 지우고, 상대방을 판단했다.

이런 내가 입대했을 때, 성격적으로 맞지 않는 선임이 있었다. 칠칠하지 못하고, 시끄럽게 떠드는 나와 달리, 그는 무척 차분하고 과묵했다. 그러면서도 위트가 있었다. 그런 그가 하루는 실수와 실언을 자주 하는 나를 불러 종이 한 장을 건넸다. 거기에는 이렇게 적혀 있었다. "침묵은 금이다." 순간 나는 '내가 그렇게 잘못했나?' 하는 생각과 함께 억울함이 밀려왔다. 나는 그저 부대의 분위기를 조금이라도 유쾌하게 만들고 싶어서 최선을 다했을 뿐이고, 나와 비슷한 행동을 한 동료도 많았기 때문이다. 그런데 왜 굳이 나에게만 그러는지 이해할 수 없었다.

그런데 지금에 와서 생각해 보면 그는 귀인이었다. 하지만 그 당시의 나는 유쾌하고, 떠들썩한 삶을 지향했기에 그 사실을 미처 알지 못했다. 심지어 나와 반대되는 사람을 보면, '왜 저렇게 진지하지? 너무 우울해.'라고 생각하면서 배척했다. 말 그대로 매우 이분법적인 사고방식을 갖고 있었다. 그런 잣대로 사람을 평가하며, 달면 삼키고 쓰면 뱉는 인간관계를 유지했다.

"음과 소리는 서로 어울려 조화를 이루고, 앞과 뒤는 서로 이어진다. 성인은 무위로써 일을 처리하고, 불언의 가르침을 행한다."

노자의 《도덕경》에 나오는 나의 과거를 뉘우치게 하는 문장이 있다. 쉽게 말해, 빛과 그림자는 서로 기대어 존재하고, 낮과 밤은 서로를 완성한다는 것이다. 또 봄의 싹이 있어야 가을의 결실이 맺히고, 뜨거운 햇볕이 있기에 시원한 그늘이 존재함도 같은 이치다. 이렇듯 세상의 모든 것은 연결되고 상호작용하며, 자연스럽게 균형을 이루며 흘러간다.

그러나 어렸던 나에게는 이러한 조화의 관점이 부족했다. 언제나 좋고 싫음을 명확히 구분했고, 그중 어느 한쪽만 선택하려 했다. 그렇지만 인생은 결코 그렇게 단순하지 않다. 자연의 모습을 살펴봐도 다양한 요소가 어우러져 영향을 주고받으며 이루어지듯, 우리가 살아가는 세상 역시 여러 조건이 섬세하게 맞물려 만들어진 복합적인 공간이다.

따라서 지금 내가 옳다고 믿는 A라는 답이 때로는 맞을 수 있지만, 다른 상황에서는 전혀 생각지 않았던 B가 정답일 수도 있다. 이번에는 A가 옳았으나 다음에는 B가 맞을지도 모른다. 결국 A와 B 중 어느 하나만이 진정한 정답이라고 확신할 수는 없다. 오히려 진정한 답은 두 의견 사이의 어딘가에 있을 가능성이 크다.

이러한 관점으로 노자는 쉽게 단정 짓지 말고, 침묵하라고 가르친다. 성급히 답을 내리지 말고, 고요함 속에서 세상의 진정한 조화를 관찰하라는 것이다. 그러면 때로는 내가 옳다고 생각하는 것과 정반대의 의견이 예상치 못한 깨달음을 가져다주기도 하고, 미처 생각하지 못했던 관점에서 삶의 전환점을 만날 수도 있다. 한마디로 편협한 선택을 내려놓고 양극의 중간에서 머물러보면, 의외로 큰 평안과 균형을 얻을 수 있다. 노자가 우리에게 전하려는 지혜가 바로 여기에 있다.

"자연에 맡겨 자라도록 하되 간섭하지 않고, 만물을 기르되 점유하지 않는다. 남을 돕고도 그것을 이용하지 않고, 공을 이루고도 그 지위에 오르지 않는다. 공을 세우고도 자랑하지 않으니 공을 잃지 않는다."

이 말이 다소 모호하게 들릴 수도 있다. 쉽게 풀이하자면, 무언가를 이루었을 때 집착하지 않고, 미련 없이 흘려보내는 자세를 뜻하며, 그 안에는 노자가 강조한 침묵과 겸손의 중요성이 고스란히 담겨 있다.

그렇지만 우리 주변에는 이런 노자의 가르침과 달리 "내가 예전에는 말이야."라며 과거의 성과에 얽매이는 사람들이 있다. 이는 곧 지나간 일에 집착하며, 그 자리에 머물러 있는 셈이다. 반면, 큰 성취를 이루었음에도 "운이 좋았어."라며 담담히 과거를 흘려보내고, 현재를 살아가는 이들이 있다. 그야말로 미래를 바꾸는 힘은 과거에 있는 것이 아니라, 현재를 충실히 살아가는 데 있다는 사실을 아는 사람들이다.

이들에게 두드러지는 점이 있다. 우선 전자는 지난날의 방식만을 고수하며, '이전에는 이렇게 하면 됐는데, 왜 안 되지?'라는 생각에 빠져 같은 자리를 맴돈다. 결국 자신의 편견이라는 좁은 울타리 안에 갇힌다. 후자는 하나의 공식에 집착하지 않는다. 대신 이전의 방법이 효과적이지 않다면 과감히 새로운 방법을 찾고, 그 과정에서 과거의 경험을 적절히 적용한다. 또 실수와 도전을 반복하며, 자신을 발전시킨다.

그렇다고 내가 후자라는 건 아니다. 나는 여전히 과거를 소유하려 하고, 늘 그 자리에 머물려고 한다. 어려움이 생길 때마다 좋았던 시절을 떠올리며 '예전엔 이러지 않았는데.'라며 한탄하고, 합리화하기 바쁘다. 그래서 나는 나와 같은 사람에게 노자의 가르침이 더욱 필요하다고 생각한다. 세상과의 조화에서 멀어지고, 이분법적인 사고에 갇혀 있을 때마다 "아, 이번에도 당신께 졌군요." 하며 나를 돌아보게 되었으니까.

물론, 노자의 말이 모두 정답일 수는 없다. 다만, 그에게서 얻은 영감을 각자의 방식으로 응용한다면, 삶의 균형을 다시 잡을 수 있다고 믿는다. 적어도 나는 그렇게 조금씩 성장하고 있다.

> * 작가의 한 줄 *
>
> 삶은 단순한 이분법이 아니다. 진정한 답은 양극 사이 어딘가에 있다.
> 고정된 잣대로 성급히 판단하지 말고, 침묵하고 관찰하라.

02 | 고통을 부르는 자극에서 벗어나라

다섯 가지 색깔로 사람의 눈이 멀게 되고,
다섯 가지 소리로 사람의 귀가 멀게 되고,
다섯 가지 맛으로 사람의 입맛이 고약해집니다.
말달리기, 사냥하기로 사람의 마음이 광분하고,
얻기 어려운 재물로 사람의 행동이 빗나가게 됩니다.
그러므로 성인은 배[腹]를 위하고, 눈을 위하지 않습니다.
후자는 뒤로하고, 전자를 취합니다.

- 《도덕경》 중에서 -

"다섯 가지 색깔로 사람의 눈이 멀게 되고"

여기서 '다섯 가지 색깔[五色]'은 무수히 많다는 뜻으로 쓰인다. 한마디로 보기 좋은 것에 지나치게 집착하면, 오히려 눈이 멀게 됨을 비유한 말이다. 즉, 노자는 화려하고, 눈부시고, 탐스럽지만, 오래 머물지 않는 것들에 마음을 빼앗기면, 행복도 지혜도 잃게 된다고 충고하고 있다.

SNS 세상을 떠올려 보자. 얼마나 많은 사람이 화려하고, 멋진 삶을 사는 것처럼 보이는가. 또 그 아래 댓글에는 그들을 향한 감탄이 가득하다. 순간, 화면에 내 모습이라도 비치면 유난히 초라해 보인다. 더 서글픈 건 이런 사람이 한둘이 아니라는 사실이다. 누군가는 호화로운 집에서 살고, 누군가는 꿈을 찾아 인정받고, 누군가는 사랑을 이루고, 또 누군가는 퇴근 후에도 부지런히 몸을 가꾼다. 그들의 삶은 반짝이고, 나는 어쩐지 모자란 것만 같다. 그리고 '나는 왜 이렇게 살까?' 하는 생각이 자꾸만 스며든다.

이렇듯 타인의 삶과 나를 비교하면, 자기 비하의 굴레에 빠져 고통스러워진다. 물론, SNS가 나쁜 것만은 아니다. 하지만 오늘날 많은 사람이 이 같은 부작용으로 내면의 고통을 겪고 있음은 부정할 수 없다.

"다섯 가지 소리로 사람의 귀가 멀게 되고, 다섯 가지 맛으로
사람의 입맛이 고약해집니다."

불교에도 이와 비슷한 이야기가 있다. 인간이 세상을 경험하는 여섯 가지 주요 통로가 있는데, 이를 '육근六根'이라고 한다. 바로 '눈', '귀', '코', '혀', '몸', '마음' 여섯 가지 감각기관이다. 인간은 이 감각기관을 통해 외부 대상을 인식하고, 그 대상에 대한 의식을 형성한다. 이에 붓다는 주의를 기울이지 않으면 이 감각기관이 어떤 대상에도 쉽게 현혹된다며, 잘 다스릴 것을 강조했다.

실제로 감각은 기본적으로 즐거움을 추구한다. 매혹적인 대상과 마주치는 순간, 인간은 그것에 집착하게 되고, 집착하는 순간 필연적으로 '고통'이 따라온다. 이러한 고통이 발생하는 이유는 붓다가 얘기한 '구불득고 求不得苦' 때문이다. 구불득고란, 인간이 겪는 여덟 가지 고통 중 하나로, '원하는 것을 얻지 못하는 고통'을 의미한다. 이처럼 인간은 자신이 원하는 무언가를 얻지 못할 때 괴로움을 느낀다. 따라서 붓다의 말은 매우 논리적이며, 그의 통찰력은 현대사회에도 여전히 유효하다.

대표적인 사례가 바로 '비만' 문제다. 특히 1990년 이후 아동 및 청소년 비만율은 무려 4배 이상 증가했으며, 2022년에는 전 세계 비만 인구가 10억 명을 넘어섰다는 조사 결과도 나왔다. 전문가들은 이러한 현상의 주요 원인 중 하나로, 어릴 적부터 자극적인 맛에 지나치게 익숙해지는 점을 꼽는다. 유년기부터 자극적인 음식을 자주 접한 아이들은 뇌의 보상 시스템이 과도하게 활성화되어 섭취 욕구가 지속적으로 증가하고, 특정 맛에 대한 선호도 역시 더욱 강해진다. 그 결과, 어린 시절부터 자극적인 맛에 길들여진 아이들은 이후 더 건강하지만, 상대적으로 덜 자극적인 음식을 먹었을 때 만족감을 느끼지 못하고, 다시 건강하지 않은 음식만을 찾는 악순환에 빠지게 된다. 이 모습은 노자와 붓다가 경고한 감각기관과 집착에 대한 가르침과 닮아 있다.

"말달리기, 사냥하기로 사람의 마음이 광분하고, 얻기 어려운 재물로 사람의 행동이 빗나가게 됩니다."

과학적으로 보아도 노자와 붓다의 지적은 여전히 합당하다. 우리 뇌는 즐거운 자극을 받을 때 '도파민'을 분비해 쾌감과 행복을 느끼게 한다. 그런데 지나치게 자극적인 즐거움에 반복적으로 노출되면 뇌는 점점 무뎌지고, 내성이 생겨, 이전과 같은 자극으로는 더 이상 충분한 만족을 얻지 못하게 된다. 이로 인해 같은 수준의 행복을 유지하려면 더 강한 자극이 필요해진다.

SNS를 과도하게 사용할 경우에도 같은 문제가 나타난다. 쉽게 설명해 소셜미디어는 좋아요, 댓글, 알림 등의 형태로 끊임없이 보상을 제공한다. 뇌는 도파민의 자극을 받고 일정 시간이 지나면 균형을 맞추기 위해 반응성을 낮추고 휴식을 취해야 하지만, 스크린 속 세상은 계속해서 자극을 준다. 이로써 원래라면 의미 있는 행동을 통해 보람과 만족으로 얻어야 할 보상이, 아무런 행동 없이도 화면을 바라보는 것만으로 주어지니 뇌는 점점 중독되어 간다. 이는 우리를 지속적인 불만족과 끝없는 갈망의 상태로 몰아넣는 악순환을 만들어낸다.

이러한 현상은 파급 효과도 크다. 더욱 강렬하고, 자극적인 요소들을 끝없이 갈망하게 되는 것이다. 그러다 보면 붓다가 언급한 원하는 것을 얻지 못하는 고통에 빠지게 된다. 바라는 게 많아질수록 충족되는 부분은 적어진다. 그 간격이 점점 커질수록 고통과 불만은 깊어진다. 휴대폰 화면 너머의 타인은 마치 내가 원하는 모든 걸 이미 누리고 있는 듯 보인다. 이런 시선은 비교와 함께 고통스러운 마음에 사로잡히게 한다.

노자는 이러한 욕망의 흐름을 말과 사냥에 비유했다. 탐하는 사람들은 얻기 어려운 재물을 쫓아 끝없이 분주히 움직이지만, 그럴수록 행동은 점점 어긋나고, 혼란스러워진다. 그는 인간의 욕망이 어떻게 작동하는지를 매우 명확하게 통찰했다. 자연의 이치를 깊이 깨달은 덕분에 삶의 근본적인 패턴까지 꿰뚫어 본 것이다. 흥미롭게도 이솝 우화 〈개와 개울에 비친 그림자〉 역시 노자와 비슷한 통찰을 보여준다. 내용을 간략하게 요약하자면 다음과 같다.

어느 날, 개 한 마리가 고기 한 덩어리를 얻어 편안한 마음으로 집으로 돌아가고 있었다. 집으로 가려면 다리를 건너야 했는데, 다리위를 걷다 문득 발걸음을 멈추고, 개울 아래를 내려다보았다. 물에 비친 자신의 모습을 다른 개로 착각한 것이다. 그리고 그 개가 더 크고 탐스러운 고기를 물고 있다고 여긴 개는 욕심에 눈이 멀어 그 고기를 빼앗으려 입을 벌리고 크게 짖었다. 그 순간, 입에 물고 있던 고기는 강물에 떨어져 그대로 떠내려가 버렸다. 그렇게 개는 과도한 욕심 때문에 이미 가지고 있던 고기마저 잃고 말았다.

참으로 위대한 가르침이다. 오늘도 SNS의 화려한 이미지에 중독되어 있는 내게 뼈아픈 충고를 던지는 듯하다. 내가 생각하기에 도파민 중독의 가장 큰 위험은 삶의 목표를 어긋나게 만든다는 데 있다. 내 내면의 성숙과 행복을 위한 목표가 아니라, 무의식중에 타인이 부러워하는 것을 따라 욕망하게 된다는 점이다. 이와 관련해 프랑스의 정신분석학자 자크 라캉은 "인간은 다른 사람이 욕망하는 것을 욕망한다."라는 말을 남겼다.

《장자-잡편》〈어부漁父〉 편에도 같은 맥락의 에피소드가 등장한다. 공자가 길을 가다 성인으로 보이는 한 어부를 만나 가르침을 청하게 되면서 듣게 된 이야기를 풀어놓은 내용이다.

한 사람이 있었다. 그는 자신의 그림자를 두려워했고, 자신의 발자국 소리를 싫어한 나머지 그것들로부터 벗어나기로 결심했다. 그가 생각해 낸 방법은 달려 도망치는 것이었다. 하지만 그가 발걸음을 옮겨 달리면 달릴수록 그의 발자국 소리는 더욱 크게 울렸고, 그림자는 더욱 집요하게 그를 따라붙었다. 그는 자신의 속도가 충분히 빠르지 않아 이 모든 재난이 계속된다고 믿었다. 그래서 한순간도 쉬지 않고 점점 더 빠르게 달렸다. 마침내 그는 완전히 기진맥진하여 쓰러져 죽고 말았다. 그는 끝까지 깨닫지 못했다. 만일 그가 단지 그늘 속으로 걸어 들어가기만 했어도 그의 그림자는 자연히 사라졌을 테고, 그 자리에서 가만히 앉아 있기만 했어도 그의 발자국 소리는 더 이상 들리지 않았을 것이다.

여기에 깊은 깨달음을 얻은 공자가 어부에게 제자로 받아달라고 간청했으나, 어부는 그의 청을 거절하고는 배를 물에 띄워 고요히 갈대밭 사이로 사라졌다.

"성인은 배를 위하고, 눈을 위하지 않습니다. 후자는 뒤로하고, 전자를 취합니다."

노자가 말하는 성인은 '배'를 위한다. 배를 위한다는 건, 겉으로 드러나는 화려함이나 보이는 것에 휘둘리지 않고, 내면의 진정한 만족과 충만함을 추구하는 삶을 뜻한다. 반대로 눈을 위하는 삶은 외부의 사물에 끌려 끊임없이 흔들리는 삶이다. 내면의 충만함을 좇는다는 건 결코 쉬운 일이 아니다. 특히 요즘처럼 눈을 현혹시키는 자극과 유혹이 가득한 시대에는 더욱 어렵게 느껴진다.

그럼에도 불구하고 노자의 말은 우리 삶에 균형을 찾아주는 귀한 충고가 되어준다. 비록 그의 가르침을 완벽히 따르지는 못하더라도, 열 번 실수할 것을 아홉 번으로 줄여갈 수 있다면, 이미 한 걸음 나아간 셈이다. 그렇게 점진적으로 조금씩 나아가다 보면, 언젠가는 지금보다 더 내면이 채워진 삶에 가까워질 테다. 결국 중요한 건 완벽한 실천이 아니라, 오늘보다 나은 내일을 향한 지속적인 노력과 성장이다.

✳ 작가의 한 줄 ✳

인간은 다른 사람의 욕망을 욕망한다.
내가 원하는 것이 진정 내가 원하는 것인지 탐구해 보자.

03 위계질서는 민감한 사회를 만든다

대도 大道 가 무너지면,
인 仁 이니 의 義 니 하는 것이 나서고,
지략이니 지모니 하는 것이 설치면,
엄청난 위선이 만연하게 됩니다.
가족 관계가 조화롭지 못하면,
효 孝 니 자 慈 니 하는 것이 나서고,
나라가 어지러워지면,
충신 忠臣 이 생겨납니다.

- 《도덕경》 중에서 -

"대도가 무너지면, 인이니 의니 하는 것이 나서고"

노자의 도덕경 수업

　노자는 대도가 무너지면, '인'과 '의'가 나타난다고 했다. 즉, 자연스러운 본연의 상태가 흐트러지면, '착하다', '옳다'와 같은 개념들이 등장한다는 뜻이다. 이 지점에서 노자는 공자와 근본적으로 대립한다. 공자는 '인의예지仁義禮智'와 같은 도덕규범을 중심으로 사회를 바로잡으려 했고, 인간의 도덕과 윤리를 세상의 중심에 두는 인간주의적 입장을 설파했다. 또한 사회가 바르게 서려면 도덕과 예절을 핵심으로 삼아야 하며, 이것이 곧 우주의 이치에도 부합한다고 믿었다.

이에 따라 공자는 인간의 도덕적 성장 가능성에 주목했다. 사람은 태어날 때부터 큰 차이가 없으며, 배움과 예절을 통해 군자君子라는 이상적 인물로 성장할 수 있다고 봤다. 이로써 배움과 자기 수양을 강조하고, 사회의 질서를 유지하기 위해 '예禮'를 중시했다. 더 나아가 '덕치德治'라는 정치관을 통해 위계적 질서를 강조했다. 윗사람은 '인의仁義'를 몸소 실천하며 솔선수범하고, 아랫사람은 예의범절을 지켜 윗사람에게 '충忠'과 '효孝'를 다해야 한다고 주장했다. 이렇게 해야만 사회가 진정한 통합과 조화를 이룰 수 있다고 판단했다.

하지만 노자는 이러한 공자의 입장에 전면적으로 반박하며, "대도가 무너지면 인이니 의니 하는 개념들이 생겨난다."라고 강한 비판을 던졌다. 법과 제도가 많아질수록 오히려 도적이 늘어나고, 통치자가 지나치게 유능하려 하면 백성들은 더욱 교활해진다고 경고했다. 인간이 만든 인위적인 제도보다는 자연스러운 본연의 상태가 더 중요하다고 본 것이다. 따라서 자연처럼 최소한의 간섭과 통제 속에서 각자가 소박하게 삶을 꾸려나가는 자세가 모두에게 가장 이롭다고 주장했다.

그러나 대한민국의 선조들은 노자보다는 공자의 사상을 사회 통치의 근본 원리로 채택했다. 그 결과, 긴 역사를 거쳐 형성된 유교적 사고방식과 가치관이 현재 우리 사회의 의식과 문화 속에도 깊숙이 뿌리박혀 있다.

한편, 《신경 끄기의 기술》의 저자 마크 맨슨은 그의 유튜브 채널에서 한국을 '가장 우울한 나라'라고 언급한 바 있다. 그는 직접 한국을 방문하여 사회적 압박과 과도한 경쟁 중심 문화, 정신 건강 문제 등을 탐구한 끝에 "한국은 유교 문화의 나쁜 점과 자본주의의 나쁜 점이 결합되어 있다."라고 진단했다.

개인적으로 탁월한 통찰이라고 생각한다. 그리고 마크 맨슨뿐만 아니라 많은 학자가 비슷한 의견을 내놓고 있다. 실제로 한국의 유교 문화가 가진 부정적 측면은 현대사회에 많은 영향을 끼친다. 대표적으로 나이를 기준으로 형성된 위계 문화는 자유롭고, 창의적으로 경쟁해야 하는 자본주의 사회에서는 걸림돌이 되는 경우가 많다. 게다가 다양하고 개성 있는 모습을 긍정적으로 바라보기보다는 사회가 정한 '해야 할 것'과 '하지 말아야 할 것'에 더욱 집착하게 만든다.

이처럼 규범과 기준이 지나치게 명확해지면 자연히 옳고 그름이 생기고, 옳고 그름이 생기면 우수함과 열등함이 나뉜다. 결국 많은 사람이 이 좁고, 엄격한 기준의 정점만을 바라보며 살아가게 된다. 또 이 기준에 맞춰 살아가려면 반드시 명문대를 졸업해야 하고, 비싼 외제차를 끌어야 하며, 서울의 고층 아파트에 살면서, 통장에 넉넉한 잔고를 채워야만 한다. 그래야 사회가 정한 '성공한 사람'으로 인정받을 수 있고, 그래야만 다른 사람들이 나를 무시하지 않고 존중하리라 믿기 때문이다.

당연히 노자와 공자 중 어떤 사상이 옳다고 단정 짓기는 어렵다. 다만, 노자는 지금까지 언급한 문제들을 염려했다. 위계와 형식, 수직적 질서가 강해질수록 사회는 병들고, 무너질 위험이 커진다는 점을 꿰뚫어 본 것이다. 이런 생각은 비단 노자만의 것이 아니었다.

이와 관련해 현대 심리학에서는 홉스테드가 제시한 '권력 거리 지수 Power Distance Index, PDI'라는 개념이 있다. 이는 사회에서 상대적으로 힘이 적은 구성원들이 권력의 불평등을 어느 정도 자연스럽게 받아들이는지를 나타낸다. PDI가 높은 사회일수록 사람들은 서열과 직급에 따른 상하 관계를 당연시하며, 윗사람에게 복종하거나 순응하는 경향이 짙다. 반대로 PDI가 낮을수록 사람들은 서로를 동등한 존재로 여기고, 위아래의 격차를 줄이며 보다 평등한 관계를 지향한다.

물론, 위계질서가 반드시 부정적인 것만은 아니다. 순기능으로 보면, 대규모 조직일수록 각자의 역할이 분명해지고, 업무 체계가 세부적으로 정의되어 문제가 더 신속하고, 효율적으로 처리된다. 그러나 위계가 지나치게 강화되면 구성원들은 점점 더 스트레스를 받고, 자신을 끊임없이 검열하게 된다. 정해진 규범에서 벗어나는 것을 두려워하게 되고, 그 결과 예절과 형식에 과도하게 얽매이며, 눈치와 분위기, 타인의 기분과 평가에 민감한 사회가 만들어진다.

그뿐만 아니다. 사람들은 평가에 대한 불안이 커지고, 실패하거나 기준에서 벗어나는 일을 극도로 두려워하게 된다. 자연히 위험을 회피하려는 성향도 짙어진다. 이런 사회에서는 개인이 불쾌한 감정을 피하고, 타인의 무례한 태도나 평가로부터 자유로워지기 위해 권력을 쥐어야 한다는 강박이 생긴다. 결국 위계의 사다리 꼭대기에 올라서야 비로소 삶이 달라질 수 있다는 믿음에 사로잡히게 되는 것이다.

"지랴이니 지모니 하는 것이 설치면, 엄청난 위선이 만연하게 됩니다. 가족 관계가 조화롭지 못하면, 효니 자니 하는 것이

나서고"

마크 맨슨은 앞서 말했듯, 한국의 사회적 규범과 형식이 지나치게 명확하고, 또 그 폭이 너무 좁게 정해져 있다고 지적했다. 노자 역시 비슷한 맥락에서 문제를 바라봤다. 그는 《도덕경》 1장에서 "도를 도라 말할 수 있다면, 그것은 참된 도가 아니다."라고 했다. 규범과 형식이 많아질수록 사람들은 오히려 그것에 얽매이고, 자신을 가두게 된다는 것이다.

해당 사례로 가장 먼저 떠오르는 것이 한국의 결혼식 축의금 문화다. 우리는 상대와의 친밀도나 업무적 관계를 고려해 얼마를 내야 할지에 대해 암묵적인 기준을 갖고 있다. 사실 누군가가 내 결혼을 축하해 주러 와준 것만으로도 이미 고마운 일이다. 그런데도 내가 기대한 금액보다 적으면 '내가 이 정도로만 보였나?' 하고 서운해하기도 한다. 실제로 가까웠던 친구 사이가 축의금 문제로 틀어졌다는 이야기도 종종 들려온다.

반면, 미국의 결혼식 문화는 내가 경험한 바로는 꽤 다르다. 미국에서는 현금 대신 '웨딩 레지스트리 Wedding Registry'를 통해 신랑 신부가 받고 싶은 선물을 미리 목록으로 준비해 둔다. "나는 이런 선물을 받고 싶다."라고 미리 알려주는 셈이다. 금액 역시 한국처럼 명확하지 않다. 대략 50~150달러 정도가 일반적이라 알려져 있지만, 꼭 정해진 규범은 아니며, 지역에 따라 문화적 차이도 있다. 그래서 '얼마를 내야 하지?' 하는 부담이나 고민을 상대적으로 덜 느끼고, 각자의 상황에 맞게 자연스럽게 축하를 건네는 분위기가 자리 잡고 있다.

그렇다고 한국과 미국 중 어느 문화가 더 옳다고 단정할 생각은 없다. 그저 내가 강조하고 싶은 부분은 고정관념이 가진 문제다. 규정과 관념이 뚜렷하고 강할수록 예절과 형식 역시 더 분명해진다. 하지만 기준이 뚜렷해질수록 사소한 어긋남이 쉽게 갈등으로 이어진다. 무엇인가를 옳다고 정하면 그와 다른 요소는 틀린 게 되고, 어떤 것을 아름답다고 하면 그렇지 않은 대상은 추한 게 되어버린다. 노자는 이렇게 상대적 기준에 매여 갈수록 인간이 오히려 부자연스러워지고, 스스로를 불행 속으로 몰아넣게 된다고 조용히 일러준다.

"나라가 어지러워지면 충신이 생겨납니다."

머리를 한 대 맞은 듯한 말이었다. 이는 곧 나라가 안정되고 평온하다면 굳이 '충신'이라는 개념조차 필요 없다는 뜻이다. 사회가 혼란스럽고 부정부패가 깊어질수록 충신을 찾게 되고, 세상이 타락할수록 정의를 더 외치게 된다. 가정이 화목하지 않을수록 '효'라는 말이 자주 입에 오르내리는 것도 같은 이치다.

사람은 어딘가 불편하고, 어그러질 때에야 그것을 의식한다. 모든 것이 자연스러우면 굳이 신경 쓸 이유조차 없다. 우리가 숨을 쉴 때 숨의 존재를 잊고 사는 것처럼 말이다. 생각해 봐라. 몸이 건강할 때는 몸을 의식하지 않지만, 작은 통증이 찾아오면 내내 그 부위가 신경 쓰인다. 편안한 신발 속에서는 신발을 느끼지 않지만, 작은 돌멩이 하나가 들어오면 온종일 그 불편함이 발끝에 남는다.

노자가 공자의 사상에 반대했던 까닭도 여기에 있다. 공자가 강조했던 인의예지 같은 엄격한 기준이 늘어날수록 사람들은 점점 더 예민해지고, 여러 부분을 의식하게 된다. 결론적으로 자연스러움은 사라지고, 불편함만 커진다는 점을 노자는 날카롭게 짚어냈다. 물론, 사회생활에서 일정한 규범과 질서를 따르는 일은 불가피하다. 그런 가운데 노자가 오늘날 우리에게 전하고자 하는 메시지는 우리가 무심코 받아들인 과도한 기준들을 한번쯤 되돌아보라는 것이다. 정말 그렇게까지 엄격하게 지켜야 할 게 과연 무엇인지 다시 한번 생각해 보자는 뜻이다. 타인이 만들어 놓은 틀에 너무 얽매이지 말고, 조금은 더 자연스럽고 편안하게 살아가 보라는 것이 노자가 전하는 진심 어린 조언인 듯하다.

> *** 작가의 한 줄 ***
>
> 규범이 많아질수록 삶은 복잡하고, 부자연스러워진다.
> 형식에 치우쳐 타인의 진심을 놓치지 않도록 주의하라.

04　질주를 멈추고
삶의 본질을 들여다보라

배우는 일을 그만두면 근심이 없어질 것입니다.
"예."라는 대답과 "응."이라는 대답 사이에
얼마나 큰 차이가 있습니까?
선하다는 것과 악하다는 것의 차이가 얼마나 크겠습니까?
사람들이 두려워하는 것을 나도 두려워해야 합니까?
얼마나 허황하기 그지없는 이야기입니까?
다른 사람들은 모두 소를 잡아 제사 지내듯 즐거워하고,
봄철에 높은 망루 望樓 에 오른 것처럼 기뻐하는데,
나 홀로 멍청하여 무슨 기미조차 보이지 않고,
아직 웃을 줄도 모르는 갓난아이 같기만 합니다.
지친 몸으로도 돌아갈 곳 없는 사람과도 같습니다.
세상 사람 모두 여유 있어 보이는데,
나 홀로 빈털터리 같습니다.
내 마음 바보의 마음인가 흐리멍덩하기만 합니다.
세상 사람 모두 총명한데 나 홀로 아리송하고,
세상 사람 모두 똑똑한데 나 홀로 맹맹합니다.
바다처럼 잠잠하고, 쉬지 않는 바람 같습니다.
딴 사람 모두 뚜렷한 목적이 있는데,
나 홀로 고집스럽고 촌스럽게 보입니다.
나 홀로 뭇사람과 다른 것은 결국
나 홀로 어머니 젖 먹음을 귀히 여기는 것입니다.

- 《도덕경》 중에서 -

"배우는 일을 그만두면 근심이 없어질 것입니다. '예.'라는 대답과 '응.'이라는 대답 사이에 얼마나 큰 차이가 있습니까? 선하다는 것과 악하다는 것의 차이가 얼마나 크겠습니까? 사람들이 두려워하는 것을 나도 두려워해야 합니까? 얼마나 허황하기 그지없는 이야기입니까?"

노자의 도덕경 수업

　노자는 고정관념을 경계한다. 세상의 모든 것을 정의하려는 관습 자체를 의심한다. 반면, 앞서도 언급했지만, 공자는 명확한 사회적 질서를 세우고, 그것을 통해 세상을 다스리고자 했다. 사람들이 정해진 문화와 규범을 따를 때 사회가 안정된다고 믿었기 때문이다. 따라서 상하 관계가 분명한 조직이 필요했고, 신분 역시 뚜렷하게 구분되어야 했다. 또 높은 신분의 사람은 군자君子의 면모를 갖추어야 하고, 낮은 신분의 사람은 그런 군자를 존경해야 했다. 더 나아가 군자는 사회의 모범이 되어야 하므로 끊임없이 배우고, 예절과 음악을 통해 인격을 닦아야 한다고 가르쳤다.

노자는 이러한 공자의 생각에 강하게 반대했다. 공자가 제시한 모범적인 인간상을 따르다 보면, 고정관념이 뿌리내린다고 우려했다. 쉽게 말해, 옳고 그름에 대한 기준이 점점 더 엄격해진다고 판단했다. 그래서 노자는 근심을 줄이기 위해 배우는 일을 그만두라고 한다. 계속 배우고 익힐수록 지켜야 할 규칙이 많아지고, 그로 인해 마음에 걸리는 요소도 늘어나기 때문이다. 특히 예절과 같은 규정이 강해질수록 진심은 희미해지고, 형식만 남게 된다. 이로 인해 "예."라는 대답과 "응."이라는 대답 사이에도 큰 간격이 생긴다. "예."는 점잖고 예의 있는 답으로 여겨지고, "응."은 다소 무례하고 성의 없는 말처럼 들린다. 우리의 일상에서도 이런 일을 자주 경험한다. 이모티콘을 붙이지 않고 메시지를 보내면 냉랭한 사람처럼 보고, 생일에 축하 메시지나 선물을 보내지 않으면 관계가 멀어지기도 한다. 심지어 경조사에 기대보다 적은 금액을 내면 인간관계가 어긋나기도 한다.

노자는 이렇게 강하게 규정된 사회적 관념들을 탐탁지 않게 여겼다. 지나친 규범은 인위적이기 때문이다. 이런 그는 선과 악 역시 상황에 따라 뒤바뀔 수 있으며, 절대적으로 정해진 것이 아니라고 생각했다. 예컨대, 도요토미 히데요시는 일본에서는 위대한 인물로 추앙받지만, 우리 민족에게는 침략자이자 악인이다. 크리스토퍼 콜럼

버스는 유럽인의 입장에서는 신대륙을 발견한 위대한 항해자이지만, 그 땅에 살던 원주민들에게는 무자비한 학살자다. 좀 더 가벼운 예로, 한국인에게 돼지고기는 친구들과 소주 한잔하며 즐기는 음식이지만, 이슬람교에서는 '하람 Haram'이라 하여 절대 먹어서는 안 되는 죄악으로 간주한다.

이 중 어떤 것이 옳고 그르다고 단언할 수 있을까? 사회적 규범이 촘촘하고, 엄격할수록 그 사회는 고정관념에 깊게 빠지기 쉽다. 그렇게 되면 타인을 섣불리 판단하고 단정 지으려는 경향도 강해진다. 물론, 우리가 타인에 대해 선입견을 갖고 판단하는 습성을 완전히 없애기는 어렵다. 진화심리학적으로도 집단 내에서 신뢰하고 협력하기 위해 타인을 신속히 판단하는 본능은 필수적이었다. 그러나 규범이 지나치게 엄격해질수록 무의식적인 잣대 역시 더욱 가혹해진다. 맥락을 고려하지 않고 무조건적으로 판단하는 습관이 깊어지는 것이다. 인지심리학에서는 이러한 사고방식을 '휴리스틱 heuristic'이라고 부른다. 복잡한 문제를 빠르고, 간편하게 처리하기 위해 사용하는 단순화된 사고 전략이다. 노자는 이러한 사회적 경향을 경계했다. 옳고 그름이 지나치게 명확하게 구분되는 세상은 오히려 자연의 이치에서 멀어진다고 여긴 것이다.

"다른 사람들은 모두 소를 잡아 제사 지내듯 즐거워하고, 봄철에 높은 망루에 오른 것처럼 기뻐하는데, 나 홀로 멍청하여 무슨 기미조차 보이지 않고, 아직 웃을 줄도 모르는 갓난아이 같기만 합니다. 지친 몸으로도 돌아갈 곳 없는 사람과도 같습니다. 세상 사람 모두 여유 있어 보이는데, 나 홀로 빈털터리 같습니다. 내 마음 바보의 마음인가 호리멍덩하기만 합니다. 세상 사람 모두 총명한데 나 홀로 아리송하고, 세상 사람 모두 똑똑한데 나 홀로 맹맹합니다. 바다처럼 잠잠하고, 쉬지 않는 바람 같습니다. 딴 사람 모두 뚜렷한 목적이 있는데, 나 홀로 고집스럽고 촌스럽게 보입니다."

많은 학자가 《도덕경》 20장을 노자의 인간적인 면모가 가장 잘 드러난 부분으로 평가한다. 무릉도원에서 여유롭게 지낼 것만 같은 동양의 현인 노자조차도 외로움을 느꼈던 것이다. 다른 사람들은 모두 소를 잡아 잔치를 벌이며 즐겁게 지내고, 날씨 좋은 날이면 높은 곳에 올라 경치를 바라보며 기쁨을 느끼는 듯하다. 하지만 노자는 그런 세상과 자신이 완전히 동떨어진 듯한 외로움을 느낀다. 사람들은 아무 고민 없이 편하게 살아가는 반면, 자신만 홀로 크고 깊은 의문을 품고 살아간다고 생각한다. 사람들의 눈에 비친 노자는 지나치게 진지하고, 사회에 잘 섞이지 못하는 고독한 방랑자였을 것이다.

노자의 이 구절을 읽으며 가장 먼저 떠오른 것은 영화 〈매트릭스〉였다. 이 영화에서 가장 상징적인 장면은 주인공 네오가 빨간 약과 파란 약 중 하나를 선택하는 순간이다. 네오는 원래 평범한 삶을 살던 해커였다. 그런데 어느 날, 그의 모니터에 "Follow the white rabbit 흰토끼를 따라가라."이라는 수수께끼 같은 메시지가 나타난다. 강한 의문과 호기심을 느낀 네오는 그 단서를 따라가기 시작했고, 결국 조력자인 모피어스를 만나게 된다. 긴 검은 가죽 코트를 입고, 알 수 없는 눈빛의 선글라스를 낀 그는 위엄이 넘쳤다.

어두운 방 안, 창밖으로 번개가 치는 가운데 모피어스는 네오에게 묻는다. "자네는 운명을 믿나?" 그러고는 네오에게 빨간 약과 파란 약을 내민다. 파란 약을 선택하면 네오는 지금까지의 평범한 일상으로 돌아가게 된다. 그가 경험한 이상한 현실은 모두 잊고, 다시 매트릭스라는 가상현실 속에서 평온하게 살아간다. 반면, 빨간 약을 선택하면 네오는 지금까지 자신이 살아왔던 세상이 거대한 컴퓨터 시뮬레이션인 매트릭스였다는 충격적인 진실과 마주한다. 그런데도 네오는 빨간 약을 삼키고, 자신이 알고 있던 현실이 허구였음을 깨닫는다.

노자 역시 이와 비슷한 감정을 느끼지 않았을까. 세상 사람들은 아무런 고민 없이 평범하게 살아가는 듯한데, 자신만은 크고 깊은 의문에 사로잡혀 답답하고, 때론 고리타분한 사람처럼 여겨졌을 것이다. 그런 노자의 마음은 분명 외롭고, 힘겨웠을 테다.

이런 감정은 놀랍게도 노자만의 것이 아니다. 철학의 아버지로 불리는 플라톤 또한 〈매트릭스〉의 세계관과 매우 유사한 이야기를 한다. 바로 유명한 '동굴 비유'다. 플라톤은 우리가 살아가는 이 세상이 실재가 아니라 가상이며, 진정한 세계 즉, 이데아가 존재한다고 믿었다. 그는 많은 사람이 어두운 동굴 안에 갇혀 벽에 비친 그림자만을 진짜라고 착각하며 살아간다고 말했다. 하지만 그 그림자들은 동굴 밖에 존재하는 진정한 실체가 만들어낸 허상에 불과하다는 것이다. 동굴 밖으로 나온 사람은 평생 진짜라고 믿었던 그림자가 사실은 거짓이었음을 깨닫고, 사람들에게 그 진실을 알리려 했다. 플라톤의 이론이 절대적으로 맞는지 우리는 알 수 없지만, 그는 분명 노자와 비슷한 고민과 외로움을 느끼지 않았을까 한다. 두 사람 모두 사람들이 표면적인 현실만을 바라보며 살아가는 모습을 지켜보며, 그들과 다른 시각을 가진 자신이 느끼는 깊은 고독과 답답함을 경험했을 것이다.

한국의 선불교를 부흥시킨 경허선사의 깨달음 또한 노자나 플라톤의 고민과 매우 닮아 있다. 경허선사는 참선을 통해 깨달음을 얻어 수많은 수행자로부터 존경받는 위대한 선승이 되었다. 그런 위대한 승려였던 경허선사조차도 불교계에서 용납하기 어려운 계율 위반 행위를 종종 했다. 대표적인 것이 바로 승려에게는 금기인 음주였다. 그렇다면 경허선사는 왜 술을 마셨을까? 그는 자신의 선시禪詩에 이런 말을 남겼다. "擧世渾然我獨醒거세혼연아독성 不如林下度殘年불여임하도잔년." 이를 해석하면 "온 세상이 혼미하게 취해 있는데 오직 나 홀로 깨어 있으니, 차라리 숲속에서 남은 생을 보내는 것이 낫겠다."라는 뜻이다. 온 세상이 취해 있는 가운데 홀로 깨어 있음의 외로움과 괴로움을 표현한 이 시구는 마치 노자의 심정을 보는 듯하다. 경허선사 또한 진리를 찾기 위해서는 혼자 깨어 있어야 한다는 외로운 진실을 깊이 깨달았던 듯하다.

"나 홀로 뭇사람과 다른 것은 결국 나 홀로 어머니 젖 먹음을 귀히 여기는 것입니다."

노자와 장자가 우리가 알지 못하는 진리를 진정으로 깨달았는지 아닌지는 알 수 없다. 그들의 말이 옳을 수도, 그렇지 않을 수도 있다. 중요한 것은 그들의 주장이 맞느냐 틀리느냐가 아니라, 노자와 장자가 제시하는 관점이 우리가 살아가는 삶을 한층 더 깊이 바라볼 수 있게 한다는 점이다. 삶을 본질적으로 돌아보지 않고 순간의 욕망에만 사로잡혀 살아간다면, 언젠가는 감당할 수 없는 상황을 맞닥뜨리게 될지도 모른다는 경고를 던지고 있다고 볼 수 있다.

'유비무환有備無患'이라는 말이 있다. 미리 준비하면 근심이 없다는 뜻이다. 그러나 우리의 평범한 삶은 오히려 '무비유환無備有患'에 더 가까운 듯하다. 준비하지 않아 끊임없이 걱정거리를 만들어내곤 한다. 노자와 장자는 우리가 맹목적인 집착과 욕망에서 벗어나 삶의 본질을 제대로 바라보아야 한다고 말한다. 앞만 보고 질주하듯 살아가기보다는, 때로는 멈춰 서서 근본적인 질문을 던져야 한다는 것이다. 삶의 중요한 문제들을 외면한 채 미루다 보면 결국 더 큰 고통과 근심이 미래를 덮치게 됨을 일깨워 준다.

비유하자면, 이는 앞날은 생각하지 않고 신용대출로 원하는 물건을 마구 구입하는 사람과 비슷하다. 처음에는 '이 정도 할부쯤은 금방 갚을 수 있겠지.'라며 가볍게 여긴다. 그렇게 하나둘 할부가 쌓여가고, 시간이 흐를수록 이자는 눈덩이처럼 불어난다. 초반에 조금만 힘을 내어 상환했다면 큰 문제가 없었겠지만, 미루고 미루다 보면 결국 감당할 수 없는 상황에 이른다. 그제야 충격과 공포에 빠진다. '어쩌다 이렇게 됐지?'라며 믿기 어려운 현실을 마주하고, 그조차 받아들이기 힘들어지면 '왜 나만 이렇게 불행할까?' 하면서 상황을 부정하기에 이른다.

물론, 현재를 즐기며 사는 것도 중요하다. 하지만 삶의 본질을 완전히 잊고 사는 것도 위험하다. 철학적으로 느껴질지 모르지만, 가끔은 '나는 왜 태어났는가?', '나는 무엇을 위해 살아가는가?', '나는 어떻게 죽을 것인가?', '지금 내 곁에 있는 사람들과 나는 어떤 인연으로 이 순간 함께 있는가?'와 같은 근본적인 질문들을 스스로에게 던져보기를 권한다. 이런 질문 앞에 서면 삶의 신비가 조용히 열린다. 마치 러시아워의 혼잡과 소란에서 벗어나 고요한 숲속에 들어선 듯한 평온함이 찾아온다. 그렇다고 완벽한 해답을 얻을 수 있는 건 아니다. 그러나 찰나의 질문들이 우리에게 삶을 살아가는 데 필요한 작은 단서를 건네주고, 현실을 견뎌낼 수 있는 더 깊은 힘을 길러준다. 아마도 이것이 오늘날까지도 많은 사람이 노자의 글을 찾고, 읽는 이유이지 않을까?

---

* 작가의 한 줄 *

급한 걸음을 잠시 멈추고, 깊은 질문을 던져보라.
그 순간 삶의 신비와 평화가 찾아올 것이다.
삶의 본질을 직시할 때, 비로소 더 큰 고통을 피할 수 있다.

05 자기자랑도 지혜롭게 하라

발끝으로 서는 사람은 단단히 설 수 없고,
다리를 너무 벌리는 사람은 걸을 수 없습니다.
스스로를 드러내려는 사람은 밝게 빛날 수 없고,
스스로 의롭다 하는 사람은 돋보일 수 없고,
스스로 자랑하는 사람은 그 공로를 인정받지 못하고,
스스로 뽐내는 사람은 오래갈 수 없습니다.
도道의 입장에서 보면
이런 일은 밥찌꺼기 군더더기 같은 행동으로
모두가 싫어하는 것입니다.
그러므로 도의 사람은 이런 일에 집착하지 않습니다.

- 《도덕경》 중에서 -

"스스로를 드러내려는 사람은 밝게 빛날 수 없고"

노자의 도덕경 수업

다음은 스토아 철학자 에픽테토스의 일화다. 어느 날 한 학생이 크리시포스의 저작을 다 읽었다며 에픽테토스에게 자랑스럽게 말했다. 크리시포스의 책은 난해하고, 심오한 철학서로 유명했기에 주변 사람들은 에픽테토스가 그 학생을 칭찬하리라 예상했다. 하지만 에픽테토스는 오히려 조용히 이렇게 말했다. "크리시포스가 좀 더 명확하게 글을 썼더라면, 자네가 그렇게 잘난 체할 필요도 없었을 걸세."

일본 메이지 시대의 선승인 난인의 일화도 널리 알려져 있다. 어느 날 한 대학 교수가 난인을 찾아와 자신의 견해를 강하게 내세우며, 불교에 관해 토론하기 시작했다. 난인은 그런 교수를 조용히 지켜보며 찻잔에 차를 따라주었다. 그런데 잔이 가득 차 넘치는데도 난인은 차 따르기를 멈추지 않았다. 당황한 교수가 "잔이 넘치지 않습니까?"라고 소리쳤다. 이에 난인은 미소를 지으며 말했다. "이 잔처럼 그대의 마음 또한 자신의 의견으로 가득 차 있소. 잔을 비우지 않고서야 어떻게 새로운 가르침을 받아들일 수 있겠소?"

에픽테토스와 선승 난인은 모두 노자가 강조한 도의 법칙을 보여준다. 그렇다. 도의 이치를 따른 성인은 자신을 드러내려 하지 않는다. 그들은 자신을 낮추고 비움으로써 더 밝게 빛나고, 사람들의 존경을 받는다. 이로써 결국 진정한 성취와 깨달음은 자신을 내세우고 과시한다고 해서 얻어지는 것이 아님을 우리에게 다시 한번 일깨워준다. 이렇게 삶의 진정한 가치는 스스로 드러내고자 할 때보다 오히려 겸손과 비움을 통해 더욱 선명히 드러나는 것이다.

"스스로 의롭다 하는 사람은 돋보일 수 없고"

또 다른 이야기를 살펴보자. 어느 우물 속에 한 마리 개구리가 살고 있었다. 개구리는 평생 좁은 우물 안에서만 지내며, 우물 입구로 보이는 하늘이 세상의 전부라고 믿었다. 그러던 어느 날, 바다에 살던 커다란 거북이가 우물가를 지나가다 그 개구리를 발견하고 말을 걸었다. 그러자 개구리는 자랑스럽게 자신이 사는 우물을 소개하며 말했다. "이곳이 바로 세상에서 가장 넓고 멋진 곳이오." 그러자 거북이가 미소를 지으며 대답했다. "그대는 아직 진정한 세상을 보지 못했구려. 내가 사는 바다는 이 작은 우물과는 비교조차 할 수 없이 넓고 크다오." 하지만 개구리는 이 말을 믿지 않았다. 자신의 우물이 세상에서 가장 크고 훌륭하다는 생각을 버리지 못한 채 여전히 우물 속에 머물렀다.

당신이 예상한 대로 '우물 안 개구리'를 표현한 우화로,《장자》의 〈추수〉 편에 나오는 이야기다. 그리고 안타깝지만 우리 모두도 여기에 등장하는 개구리처럼 저마다의 우물 속에서 살아간다. 자신만의 고정관념과 좁은 시야 속에 갇혀 살아간다는 말이다. 이에 대해 노자는 스스로 옳다고 강하게 믿고 주장하는 사람은 돋보일 수 없다고 경고한다.

이해를 돕기 위해 "내 말이 정답이니까 따라야 한다."고 강요하는 사람을 떠올려보자. 물론, 강한 리더십이 장점으로 작용할 때도 있다. 추진력이 필요한 순간에는 명확한 방향 제시가 효과적이기도 하니까. 하지만 그런 강한 리더십을 가진 사람일수록 자신을 끊임없이 경계하지 않으면 위험하다. 본인의 의견을 절대적으로 옳다고 여긴 채 타인의 의견을 무시하고 계속 강하게 밀어붙이기만 하면, 결국 독선에 빠지기 때문이다. 이때 독선은 주변 사람들에게 불편을 초래할 뿐 아니라, 올바른 판단력을 잃게 만들어 더 큰 오류를 낳게 된다.

이러한 독선의 위험성을 가장 명확하게 보여준 철학자가 있다. 바로 고대 그리스의 소크라테스다. 어느 날 소크라테스의 제자이자 친구였던 카이레폰은 델포이 신전을 찾아가 신탁을 구했다. 참고로 당시 그리스 사람들은 중요한 일이 있을 때마다 신전을 찾아가 신에게 질문하고 조언을 구했는데, 이러한 신의 응답을 '신탁'이라 했다.

카이레폰은 신에게 물었다. "소크라테스보다 더 지혜로운 사람이 있습니까?" 그러자 델포이 신전의 아폴론 신탁은 "소크라테스보다 지혜로운 사람은 없다."라고 답했다. 이 말을 들은 카이레폰은 기뻐하며 소크라테스에게 이 소식을 전했다. 그러나 정작 소크라테스는 당혹스러움을 느끼며 혼란스러워했다. 그는 자신이 특별히 지혜롭다고 여긴 적이 한번도 없었기 때문이다. 그리하여 소크라테스는 앞서도 말했지만, 신이 자신을 가장 지혜로운 사람이라고 여긴 이유를 찾고자 아테네 곳곳의 유명한 사람들을 찾아다니기 시작했다. 정치가, 시인, 기술자 등 다양한 분야의 사람을 만나 질문을 던졌다. 정치가에게는 정의가 무엇인지, 시인에게는 시 속에 담긴 의미가 무엇인지, 기술자에게는 자신의 기술과 지식의 본질이 무엇인지 물었다. 그들이 자신 있게 말하는 지식과 주장들이 과연 진짜인지, 어떻게 알고 있는지 자세히 묻고 확인했다. 이 과정에서 소크라테스는 중요한 진실을 깨달았다. 그들 대부분이 자신이 모른다는 것을 인식하지 못한 채, 스스로 지혜롭다고 착각하고 있다는 점이었다. 결국 소크라테스는 델포이 신탁의 진정한 의미를 다음과 같이 깨닫게 된다. "나는 적어도 내가 모른다는 사실을 알고 있다. 그러므로 나는 나 자신을 지혜롭다고 여기는 다른 사람들보다 한 가지 더 알고 있는 셈이다. 바로 이런 이유로 내가 가장 지혜로운 사람인 것이다."

"스스로 자랑하는 사람은 그 공로를 인정받지 못하고"

한편, 하버드대 심리학자들은 사람들이 자신의 경험과 업적을 SNS에 공유하려는 이유를 연구했다. 그리고 그들은 fMRI 뇌 영상 촬영을 통해 흥미로운 사실을 발견했다. 사람들이 자신이 중심이 된 이야기를 할 때, 맛있는 음식을 먹거나 사랑하는 사람과 육체적인 관계를 맺을 때 활성화되는 뇌 영역과 동일한 부분이 자극된다는 것이었다. 즉, 자신에 대해 자랑을 하면 실제로 뇌가 보상을 느끼고, 도파민과 같은 쾌락적 보상을 얻는다는 의미다.

하지만 문제가 하나 있다. 사람들은 정말로 당신의 자랑을 듣고 싶어 할까? 연구 결과에 따르면, 사람들은 자신이 자랑을 하면 상대방도 진심으로 기뻐하리라 기대한다. 그러나 현실은 정반대다. 자랑을 듣는 사람들은 이를 허풍으로 받아들여 불쾌감을 느끼며, 좋지 않은 인상을 갖는다. 처음에는 축하해 줄지 모르지만, 자랑이 지속될수록 상대의 신뢰와 호감이 급격히 떨어진다는 연구 결과도 있다. 기대와 현실 간의 틈이 생기는 셈이다.

물론, 적당한 자랑은 정신건강과 대인관계에 도움이 된다. SNS를 통해 서로의 근황을 주고받는 것은 인간관계를 지속적으로 유지하는 데 긍정적인 역할을 한다. 또한 평소 자신의 이야기를 잘 하지 않던 사람이 "내 이야기 좀 들어줄 수 있어?" 하며 다가오면, 상대방은 오히려 기쁘게 받아들인다. 듣는 사람 입장에서 자신에게 의지하고 있다는 효능감을 느끼는 덕분이다. 쉽게 말해, 평소 말을 아끼던 사람이 자신에게 속마음을 털어놓으면, 자신을 쓸모 있는 사람으로 인식하는 것이다.

　그러므로 본인의 이야기나 자랑이 무조건 나쁜 것은 아니다. 중요한 것은 적절함이다. 하지만 앞서 언급한 연구 결과처럼, 우리는 자신의 이야기를 통해 얻는 쾌락적 보상에 쉽게 빠져든다. 맛있는 음식을 먹는 것처럼 달콤한 이 유혹을 스스로 통제하는 일은 결코 쉽지 않다. 이로써 많은 사람이 끊임없이 SNS에 집착하는 악순환에 빠지게 되는 것이다.

　"스스로 뽐내는 사람은 오래갈 수 없습니다. 도의 입장에서 보면 이런 일은 밥찌꺼기 군더더기 같은 행동으로 모두가 싫어하는 것입니다. 그러므로 도의 사람은 이런 일에 집착하지 않습니다."

　물론, 동양 문화에서는 오랫동안 겸손을 미덕으로 강조해 왔다. 자신을 드러내지 않고 낮은 자세로 살아가는 것이 옳다고 가르친다. 그렇지만 현대사회는 서구 문화를 중심으로 움직이며, 이제는 자신을 적극적으로 표현하고 홍보하는 태도가 필수적인 시대가 되었다. 이 두 가치 사이에는 분명한 간극이 존재한다. 현대적 관점에서 보면 동양의 겸손은 자칫 소극적이거나 패배주의적으로 비칠 수도 있어서다.

 이러한 상황에서 서양의 한 학자는 겸손에 대해 탁월한 정의를 내렸다. 겸손은 단순히 자신을 낮추는 행위가 아니라, 자기 자신을 객관적으로 바라보면서 타인을 존중하는 태도라는 것이다. 즉, 자신을 과소평가하거나 상대를 지나치게 우월하게 여기는 것도, 상대를 하찮게 보는 것도 아니다. 따라서 우리가 추구해야 할 겸손은 자신과 타인을 공정하고 객관적으로 바라보며, 진정한 존중을 표현하는 자세다.

 이처럼 진정성 있는 겸손은 사회적 관계에서도 유대감을 강화한다. 한 연구팀은 겸손한 사람들이 갈등이 빈번한 관계에서도 신뢰와 유대감을 잘 형성하여 관계를 더욱 안정적으로 유지한다고 보고하기도 했다. 실제로 겸손한 태도는 타인에게 호감을 불러일으키고, 존중을 받게 하여, 개인의 평판을 높이는 데 큰 도움이 된다. 한 면접 연구에서도 동일한 경력과 능력을 지닌 지원자들이 각각 겸손한 자기소개와 과장된 자기 홍보를 했을 때, 면접관들은 겸손한 지원자에게 훨씬 더 큰 호감을 느끼고, 채용하고 싶다는 평가를 내렸다. 이렇듯 능력을 충분히 갖춘 사람이 겸손한 모습을 보일 때, 그의 가치는 더욱 높게 평가받는다. 이는 겸손이 채용이나 승진 같은 현실적 상황에서도 매우 효과적인 전략이 될 수 있음을 시사한다.

여기서 핵심은 진정성이다. 사람들은 본능적으로 가식을 싫어한다. 하버드대와 UNC 연구팀이 수행한 9개의 실험에 따르면, 겸손을 가장한 자기자랑은 노골적인 자기자랑보다 오히려 상대방의 호감도를 떨어뜨리고, 신뢰를 얻지 못했다. 결국 진심이 결여된 겸손은 칭찬과 존경 대신 반감과 불신만 초래한다. 사람들은 본능적으로 진정성을 느끼고, 판단하기 때문이다. 그러니 겸손을 전략적으로 활용할 때는 반드시 진심을 담아야 한다. 그렇지 않으면 교만한 태도보다 더 큰 역효과를 초래할 수 있다.

노자가 제시한 성인의 겸손한 자세는 바로 이러한 진정성에서 출발한다. 그는 자신을 특별히 높게 보지도 않고, 그렇다고 낮게 여기지도 않는다. 타인 또한 마찬가지다. 누구도 우월하거나 열등하지 않다. 모두가 저마다의 자리를 지키며, 각자의 몫을 묵묵히 감당해 나갈 뿐이다. 이렇게 바라보면 굳이 자신을 드러낼 이유도, 자신의 의견이 반드시 옳다고 주장할 필요도 없다. 우주의 거대한 흐름 속에서 보면 그런 아집과 집착은 마치 밥그릇에 붙은 찌꺼기처럼 덧없는 군더더기에 불과하다.

그렇다고 해서 현실의 삶을 마냥 초탈한 성인처럼 살 수만은 없다. 우리가 살아가는 세상에서는 이따금 노자가 말한 '군더더기' 같은 일들이 필요할 수도 있다. 우리는 완벽한 성인이 아니기 때문이다. 때로는 자랑도 하고, 욕심도 부리고, 실패와 부끄러움도 겪어야 한다. 하지만 그 와중에도 잊지 말아야 할 점은 더 넓은 자연과 우주의 관점에서 스스로를 돌아보는 마음가짐이다. 좁은 시야를 잠시 내려놓고 한 걸음 물러서면, 쉽게 풀리지 않던 삶의 문제들도 조금씩 실마리를 드러내기 시작한다. 현실과 영적 세계 사이에서 균형을 지키며 자연스럽게 살아가야 하는 이유가 바로 여기에 있다.

✳ 작가의 한 줄 ✳

진정한 겸손이란 단순히 자신을 낮추는 것이 아니라,
자기 자신을 객관적으로 바라보는 것이다. 자신을 과소평가하지도,
과대평가하지도 말고, 있는 그대로 바라보라.

PART 3

자연의 흐름을 닮은 삶의 태도

01 자연스러움이 가장 나다운 매력이다

훌륭하다는 사람을 떠받들지 마십시오.
사람 사이에 다투는 일이 없어질 것입니다.
귀중하다는 것을 귀히 여기지 마십시오.
사람 사이에 훔치는 일이 없어질 것입니다.
탐날 만한 것을 보이지 마십시오.
사람의 마음이 산란해지지 않을 것입니다.
그러므로 성인이 다스리게 되면
사람들로 마음은 비우고 배는 든든하게 하며,
뜻은 약하게 하고 뼈는 튼튼하게 합니다.
사람들로 지식도 없애고 욕망도 없애고,
영리하다는 자들 함부로 하겠다는 짓도 못하게 합니다.
억지로 하는 함이 없으면,
다스려지지 않는 것이 하나도 없습니다.

- 《도덕경》 중에서 -

"훌륭하다는 사람을 떠받들지 마십시오. 사람 사이에 다투는 일이 없어질 것입니다."

노자의 도덕경 수업

많이 사라졌다고는 하지만 여전히 한국 사회는 학벌을 중요하게 여긴다. 이에 따라 명문대 출신이라고 하면, 자연스럽게 수준 높은 사람이라고 인식한다. 나는 이런 시선이 무조건 잘못되었다고 생각하지 않는다. 역사적으로 계급과 신분 사회는 오랫동안 존재해 왔고, 높은 수준의 학업을 성취한 사람이라면 뛰어난 능력을 지닐 확률이 높은 덕분이다. 다만, 이 기준이 전부가 되어서는 안 된다. 한 사람의 가치는 명성과 간판 외에도 그가 평소에 하는 말과 살아가는 모습을 통해서도 충분히 판단할 수 있어서다.

그런데 우리 사회는 '훌륭하다'라는 기준이 지나치게 명확한 듯하다. 물론, 기준이 명확하면 빠른 판단에 도움이 되겠지만, 늘 옳은 결과를 보장하지는 않는다. 게다가 사회적으로 정해진 훌륭함의 기준을 과도하게 중시하면, 그 기준에 맞지 않는 사람들의 가능성은 점점 박탈될 수 있다. 그뿐만 아니라 모든 사람이 똑같은 기준에 맞추기 시작하면, 사회는 점차 획일화되고, 창의적인 사고나 다양한 가능성은 배제될 것이다. 결국 비슷한 생각과 비슷한 행동만을 반복하게 되며, 획일적이고 편협한 집단지성이 형성될 수 있다.

한편, 해외여행을 다니다 보면 '내가 한국 사회의 기준으로만 생각하며 살아왔구나.'라는 생각이 들 때가 많다. 평소에는 잘 느끼지 못하다가 조금 떨어져 보면 알게 된다. 당연하게 받아들였던 사회적 기준은 절대적이지 않으며, 각 시대와 공간 그리고 문화와 환경에 따라 얼마든지 달라질 수 있다는 사실을 말이다.

그렇다고 해서 어떤 사회적 기준이 옳고 그른지를 판단하려는 게 아니다. 그저 이러한 현상에 관한 내 의견을 전하고 있을 뿐이다. 그중 핵심은 살면서 가끔씩 스스로 질문을 던질 필요가 있다는 부분이다. 현재 지키고 있는 기준이 올바른지, 그 기준으로 인해 소중한 무언가를 놓치고 있지는 않은지 말이다. 이런 질문이 우리를 더 넓은 세계로 이끌고, 삶의 폭을 확장해 줄 테니까.

"귀중하다는 것을 귀히 여기지 마십시오. 사람 사이에 훔치는 일이 없어질 것입니다. 탐날 만한 것을 보이지 마십시오. 사람의 마음이 산란해지지 않을 것입니다."

이쯤에서 노자의 말을 떠올리며, 요즘의 흐름을 들여다본다. 특히 SNS상에서 이루어지는 풍경에 눈이 간다. 분명 다양한 정보를 알려주는 공간은 맞지만, 많은 이의 마음을 산란하게 만드는 듯하다. 이에 따라 간혹 '아는 것이 힘일까? 모르는 게 약일까?'라는 물음에 빠지곤 한다. 그리고 그 끝에는 늘 문제는 정보가 많다는 현실 자체가 아니라 그것을 받아들이는 사람의 주체성이 부족하다는 결론에 다다른다.

그렇다면 근본 원인은 무엇일까? 나는 사회가 정한 기준에 있다고 본다. SNS에는 다들 자신의 화려한 일상을 자랑한다. 고급스러운 음식, 값비싼 여행, 명품으로 가득한 삶 등. 이는 해당 계정을 운영하는 주인이 타인에게 보여주고 싶은 삶의 단면일 뿐이지만, 이를 보는 사람들의 부러움을 사기도 하고, 상대적 박탈감을 느끼게도 한다. 무의식적으로 그 사람의 인생이 눈에 보이는 것처럼 화려

할 것이라고 착각하기 때문이다. 이는 더 나아가 경쟁과 갈등을 불러일으키기도 한다.

따라서 때로는 타인의 시선에서 벗어나 자신만의 소소한 행복과 평온함을 되찾는 시간이 필요하다. 대중이 귀중하다고 여기는 요소를 무작정 따라가다 보면, 정작 내게 진정으로 소중한 대상이 무엇인지 잊어버리거나, 마음이 초조해지고 산란해질 수 있으니, 이를 예방하는 실천을 해보자는 얘기다. 더욱이 우리 각자의 삶은 이미 충분히 소중하고, 가치 있다. 그러니 사회가 만든 기준과 타인의 눈에서 잠시 떨어져서 내 삶을 스스로 정의하고, 마음의 안정을 찾는 것이야말로 진정한 지혜가 아닐까 싶다.

"억지로 하는 함이 없으면, 다스려지지 않는 것이 하나도 없습니다."

나는 이 문장 역시 자연스러움이 중요하다는 의미로 다가온다. 억지로 하지 않을 때 모든 것이 다스려진다는 건, 사회적 기준이나 타인의 기대에 무리하게 자신을 맞추려고 애쓰지 않으면, 비로소 자신만의 고유한 개성이 드러난다는 얘기와도 같다. 또한 남을 맹목적으로 따라 하지도, 그렇다고 무조건 배척하지도 않을 때 나만의 매력적인 본연의 모습을 찾게 된다는 것이다. 당연히 노자의 말이 전부 옳다고 단언할 수는 없지만, 나는 지금 이 시대를 살아가는 우리에게 필요한 조언으로 들린다.

우리는 모두 다르다. 태어난 유전자도, 살아가는 시대와 공간, 성장 환경 등 어느 하나 같지 않다. 그러므로 우리는 그 누구와도 완벽히 똑같아질 수 없고, 각자 자신만의 길을 걸어가야 한다. 설령 내가 선망하는 사람이 있다고 하더라도 나의 여정에 잠시 스쳐 지나가는 한 명의 여행자일 뿐이다. 그 여행자가 멋진 삿갓을 썼다고 해서 나 역시 같은 삿갓을 써야 할 필요는 없다. 당연히 정확히 같은 삿갓을 써야 할 이유는 더더욱 없다.

때로는 억지로 움켜쥐었던 마음을 놓으면, 일이 더 잘 풀리기도 한다. 나는 그럴 때마다 노자의 가르침이 떠오른다. 나도 안다. 손에 쥔 것을 내려놓는 일이 쉽지 않다는 걸. 하지만 잠시라도 힘을 덜 주거나, 숨을 고르며 잠시 쉬어보기도 하자. 또 만일 지금 이 순간, 억지로 다스리려는 일이 있다면, 잠깐 손에서 힘을 빼보길 권한다. 그 찰나에 새로운 길이 열릴 수도 있으니 말이다.

* 작가의 한 줄 *

사회가 정한 '훌륭함'과 '귀중함'의 기준에 집착하지 말자.
애쓰지 않는 자연스러움을 받아들일 때,
비로소 자신만의 고유한 길과 매력을 찾을 수 있다.

02. 비움은 결코 손해가 아니다

도(道)는 그릇처럼 비어,
그 쓰임에 차고 넘치는 일이 없습니다.
심연처럼 깊어, 온갖 것의 근원입니다.
날카로운 것을 무디게 하고, 얽힌 것을 풀어 주고,
빛을 부드럽게 하고, 티끌과 하나가 됩니다.
깊고 고요하여, 뭔가 존재하는 것 같습니다.
누구의 아들인지 난 알 수 없지만,
하늘님[帝]보다 먼저 있었음이 틀림없습니다.

- 《도덕경》 중에서 -

"도는 그릇처럼 비어, 그 쓰임에 차고 넘치는 일이 없습니다."

노자의 도덕경 수업

우리는 끊임없이 채우고 비우기를 반복하며 살아간다. 음식을 먹기 위해 빈 그릇에 밥을 담고, 다 먹고 나면 다시 비운다. 식사로 얻은 에너지는 하루의 일과로 소모하고, 에너지가 떨어지면 잠을 자면서 몸과 마음을 다시 비운다. 이렇듯 한 여정이 끝나면 새로운 여정을 시작하는 것이 자연의 이치다.

그런데 '비우는 일'은 어렵기만 하다. 무언가를 채우려는 욕망은 쉽게 생기는 반면, 비우기는 왜 그리 어려운 것일까? 심지어 비워야 다시 채울 수 있다는 진리를 알면서도 실천하기란 쉽지 않다. 아마도 비움을 손실 혹은 포기라고 받아들여서 더욱 망설이고, 두려워하는 게 아닐까 한다.

하지만 비울 줄 모르면 사람은 편협해진다. 세상을 하나의 시야로만 바라보기 때문이다. 그러다 보니 다른 관점에서는 쉽게 풀릴 문제도, 본인에게 익숙한 방법만 고집하며 해결하려 든다. 이때 우리는 다른 분야의 지혜를 접하고, 새로운 관점을 배울 필요가 있다. 또 이는 어쩌면 새로운 여정을 떠나라는 신호일지도 모른다. 즉, 세상이 우리에게 하나의 고정된 시각만으로는 온전히 이해할 수 없다는 사실을 끊임없이 알려주고 있는 셈이다. 그리고 이를 인지했다면, 지금까지의 방식을 비우고, 새로운 배움을 시작해야 한다.

물론, 앞서 말했듯 그 과정이 결코 쉽지 않다. 많은 사람이 지금까지 쌓아온 방식에 애착을 느끼고 있어서다. 게다가 그동안 기울인 노력이 너무나 힘들었기에, 새로운 배움을 시작하는 일이 부담으로 다가오기도 한다. 이러한 이유로 우리는 자꾸만 낯선 분야를 멀리하려 한다. 이에 노자는 다음과 같이 말한다.

"도는 그릇처럼 비어, 그 쓰임에 차고 넘치는 일이 없습니다. 날카로운 것을 무디게 하고, 얽힌 것을 풀어 주고, 빛을 부드럽게 하고, 티끌과 하나가 됩니다."

그렇다. 도는 그릇처럼 비어 있다. 그래서 비우면 채워지고, 차면 다시 비워진다. 그렇게 끊임없이 반복한다. 날카로웠던 것은 무뎌지고, 얽혔던 것은 자연스럽게 풀어진다. 높았던 것은 낮아지고, 강했던 것은 부드러워지며, 급했던 것은 고요해지고, 복잡했던 것은 단순해진다. 삶은 이처럼 서로 반대되는 대상 사이를 끊임없이 오가며 균형을 찾아간다. 한 번의 멈춤도 없이 계속해서 순환한다.

그러나 우리는 나이가 들수록 이런 자연의 이치를 점점 잊어버린 채 살아간다. 한 연구에 따르면, 나이가 들수록 이전 경험에 더 의존하여 결정을 내리게 되는데, 뇌가 노화될수록 새로운 생각을 받아들이기 어려워지기 때문이라고 한다. 그런데 이런 방식이 단순했던 과거 농경 사회에서는 효과적이었을 수는 있지만, 오늘날처럼 복잡한 사회에서는 분명한 한계가 있다. 그렇기에 우리는 이전의 경험에 머물지 않고, 새로운 지식과 유연하게 융합하여 젊은 세대에게 전달해 주는 지혜로운 어른들을 존경하게 된다.

이와 관련한 잊지 못할 경험이 있다. 당시에 나는 철학 공부에만 몰두하고 있었는데, 모든 분야의 근간이라고 믿었기 때문이다. 그러다 보니 다른 영역의 지혜에는 자연스럽게 무관심해졌고, 대중적인 책을 읽을 때면 "이 사람은 너무 얕아."라는 오만한 평가를 내리곤 했다. 하지만 철학을 공부하면 할수록, 삶을 살아가면 갈수록 철학서만으로는 해결할 수 없는 문제들이 나타났다. 철학이 세상을 더 깊이 이해할 수 있도록 도움을 주었지만, 그것만으로는 현실에서 마주하는 다양한 문제를 해결하기에는 부족했다. 가령, 통계나 과학적 근거와 같은 명확한 데이터가 필요한 문제가 있는가 하면, 사회 현상을 파악하거나 누군가를 깊이 이해하기 위해서는 철학 외에 다른 도구가 필요했다. 결국 철학만으로는 세상을 충분히 이해하고, 해석할 수 없음을 깨달았다. 그리고 그 무렵 나는 니체의 《차라투스트라는 이렇게 말했다》라는 책에서 아래 문장을 만났다.

너, 위대한 태양이여! 만일 너에게 너의 햇살을 비춰 줄 상대가 없었다면 너의 행복은 무엇이었겠는가! 이제 나는 꿀을 너무 많이 모아들인 꿀벌처럼 나의 지혜에 싫증이 났다. 나는, 인간들 속의 현자들이 그들의 어리석음 속에서 다시 행복해지고, 가난한 자들이 그들의 풍요함 속에서 행복해질 때까지 나의 지혜를 나누어 주고 싶다. 그러기 위해 나는 깊은 곳으로 내려가야만 한다. 너 풍요로운 천체여! 내가 그들에게 내려가고자 하는 인간들이 그렇게 부르듯이 나는 '몰락'해야만

한다. 마치 너처럼. 그러니 나를 축복하라. 이 잔을 보라! 이 잔은 다시 비워지기를 원하며, 차라투스트라는 다시 인간으로 되돌아가기를 원한다. 이리하여 차라투스트라의 몰락은 시작되었다.

이 글은 내게 깊은 울림을 주었다. 내가 그동안 스스로 얼마나 많은 지식을 움켜쥐고 있었는지, 그것들이 나를 얼마나 편협하게 만들었는지 알게 되었다. 그 후로 나는 내가 가진 생각들을 내려놓고, 다양한 분야를 배우기 시작했다. 신기하게도 하나의 영역을 비우고, 새로운 분야를 채울수록, 서로 다른 갈래의 지식이 긴밀히 연결되었고, 내 사고는 점점 더 넓고 깊게 확장되었다. 쉽게 말해, 비움은 곧 채움으로 이어졌고, 채움은 다시 더 큰 비움을 가능하게 했다. 이것이 바로 노자가 말한 '비움과 채움'의 진정한 의미가 아닐까 생각한다.

"깊고 고요하여, 뭔가 존재하는 것 같습니다. 누구의 아들인지 난 알 수 없지만, 하늘님보다 먼저 있었음이 틀림없습니다."

한편, 노자의 사상이 발생한 당시 중국에서는 인격적 신인 하늘님보다 '도道'라는 우주적 순환 원리가 먼저 있었다고 믿었다. 그러나 그 도가 무엇인지 논리적으로 설명해달라고 하면, 노자는 명확히 답하지 않는다. 다만, 도는 깊고 고요하며, 존재하는 듯하면서도 우리의 언어로는 도무지 설명할 수 없는 그런 것이라고 말할 뿐이다. 실제로 이 세상에는 인간의 언어로 명확히 표현할 수 없는 무언가가 분명히 존재한다.

이러한 한계는 동서양 철학자들이 공통으로 마주했던 문제이기도 하다. 대표적인 인물로 "말할 수 없는 것에 대해서는 침묵해야 한다."라고 말한 20세기 최고의 천재 철학자로 손꼽히는 루트비히 비트겐슈타인이 있다. 그는 언어가 논리적 표현의 범위를 벗어나면 의미를 상실한다고 주장하며, 삶의 의미나 윤리적 가치, 초월적인 현상들에 대해서는 명확히 단언하는 대신 침묵하는 편을 선택했다.

서양 철학의 핵심 기둥인 18세기 철학자 이마누엘 칸트 또한 인간의 인식과 이성으로는 사물의 본질 그 자체에 도달할 수 없다고 보았다. 이는 곧, 인간은 감각과 이성을 통해 현상을 파악할 수는 있지만, 현상 너머의 '물자체物自體'에는 결코 접근할 수 없음을 의미한다. 한마디로 인간의 이성이 아무리 뛰어나도 그 한계를 넘을 수 없으며, 궁극적인 실재는 언제나 우리 앞에 신비로 남아 있을 수밖에 없다는 것이다.

 이러한 설명 불가능한 영역은 비단 철학에만 국한되지 않는다. 물리학에서도 인간이 언어나 논리로 설명할 수 없는 한계점이 존재한다. 예를 들어, 빅뱅 직후 우주는 극도로 뜨겁고, 밀도가 높은 상태였기에 빛조차 직진하지 못했다. 그리하여 우주의 온도가 충분히 내려간 약 38만 년이 지나서야 전자와 양성자가 결합하여 중성 원자를 형성하면서 빛이 우주 공간으로 퍼져나갈 수 있었다. 다시 말해, 우리가 현재 관측할 수 있는 우주는 빅뱅 이후 38만 년이 지난 시점부터다. 그렇다면 그 이전의 우주에서는 무슨 일이 일어났던 것일까? 아직 인류는 이 궁금증과 관련해 명확한 답을 내놓지 못하고 있다.

 감히 추측하자면, 노자가 말한 도는 거대한 우주의 근본 원리가 아닐까 한다. 그리고 멀리서 우리의 모습을 바라본 덕분에 인위적인 삶보다는 자연스러운 삶이 훨씬 더 효과적임을 깨달은 듯하다. 물론, 우리도 인위적으로 무언가를 얻으려 할수록 점점 자연의 이치에서 멀어지고, 오히려 원하는 것에서 더 멀어진다는 걸 경험을 통해 배운다. 그래도 노자는 우리에게 조금이라도 더 일찍 인간이 궁극적으로 도달해야 할 삶의 방식이 무엇인지 알려주려 했던 듯하다.

붓다 역시 노자처럼 삶의 이치를 자연의 현상에서 깨달았다. 카필라 왕국 샤카족의 왕자였던 그는 어느 해 봄, 농경 축제에 참석하여 그곳에서 생명의 순환과 고통을 목격한다. 농부들이 갈아엎은 흙 속에서 벌레들이 기어 나오고, 그 벌레들을 새들이 날아와 잡아먹는다. 또 그 새들을 더 큰 맹금류가 노리고 있었다. 그 순간 그는 깊은 연민과 함께, 모든 생명이 얽혀 있는 연결고리를 발견했고, 훗날 삶의 진리 중 하나로 '고통Dukkha'의 본질을 강조하기에 이른다.

이렇듯 노자와 붓다는 우리와는 다른 시각으로 삶을 바라보았다. 좁은 시야에 갇힌 사람들과 달리, 멀리 떨어져 객관적인 관점에서 세상을 바라보는 특별한 눈을 지니고 있었다. 덕분에 거대한 자연의 순환 속에서 반복되는 패턴을 발견할 수 있었고, 사소한 일상 문제도 그 큰 인과의 틀 속에서 풀어나갈 수 있었다.

이런 시선에서 보면 노자의 가르침은 놀라울 만큼 실용적이다. 실생활에서도 충분히 적용할 수 있는 통찰력이다. 나는 개인적으로 이렇게 다른 사람들이 보지 못하는 것을 보는 힘이야말로 현대사회가 가장 원하는 능력이라고 생각한다. 아니, 오래전부터 인정받는 재능이었다. 역사 속에서 위대하다고 평가받는 이들의 공통점이었으니까. 그런 이유로 다시 한번 노자의 통찰을 마음에 새길 것을 권하고 싶다. 채우기 위해서는 먼저 비워야 하며, 비움은 손해가 아니라 오히려 새로운 가능성과 기회의 문을 여는 열쇠임을 말이다.

＊ 작가의 한 줄 ＊

비어 있어야 채울 수 있고, 채워 있어야 비울 수 있다.
이 순환을 통해 자연의 모든 존재는 성장한다.

03 부드럽고 겸손하되 '나'를 잃지는 말자

가장 훌륭한 것은 물처럼 되는 것입니다.
물은 온갖 것을 위해 섬길 뿐,
그것들과 겨루는 일이 없고,
모두가 싫어하는 낮은 곳을 향하여 흐를 뿐입니다.
그러기에 물은 도道에 가장 가까운 것입니다.
낮은 데를 찾아가 사는 자세,
심연을 닮은 마음, 사람됨을 갖춘 사귐,
믿음직한 말, 정의로운 다스림,
힘을 다한 섬김, 때를 가린 움직임.
겨루는 일이 없으니 나무람 받을 일도 없습니다.

- 《도덕경》 중에서 -

"물은 온갖 것을 위해 섬길 뿐"

노자의 도덕경 수업

　노자의 철학에서 가장 유명한 문구 중 하나는 '상선약수 上善若水'
다. 가장 선한 것은 '도'이며, 그것은 물과 같다는 뜻이다. 여기서 '선
善'은 단지 착하다는 의미로만 이해해서는 안 된다. 굳이 의역하자
면 '가장 올바른 삶의 지향점' 정도가 적절하다.

　노자에 따르면 물은 이타적이다. 그런데 이 이타성이 결코 인위
적이지 않고, 매우 자연스럽다. 쉽게 말해, 물은 '이 사람에게 잘하
면 나에게 이득이 생기겠지?'와 같은 이기적인 계산을 하지 않는다.
그저 모든 것을 자연스럽게 섬길 뿐이다. 게다가 억지로 행하는 봉

사가 아니라 물의 고유한 성질이자 만족에 따른 행위다.

흥미롭게도 역사 속 위대한 지성들도 노자와 비슷한 주장을 펼쳤다. 공자는 '기소불욕 물시어인 己所不欲勿施於人' 즉, "내가 원하지 않는 것을 남에게 행하지 말라."라고 했고, 예수는 누가복음 6장 31절에서 이렇게 말한다. "남에게 대접받고자 하는 대로 너희도 남을 대접하라."

노자, 공자, 예수 모두 순수한 이타심을 강조하고 있다. 또 이들의 이타심은 계산적이거나 꾸며지지 않은 진실한 마음이다. 이익과 손해를 따지기보다는 자신의 내적 만족에서 비롯된다. 이런 순수한 태도가 노자가 말하는 선이며, 우리가 지향해야 할 가장 바람직한 삶의 자세다. 그리고 노자는 그것이 물과 닮았다고 말한다.

"그것들과 겨루는 일이 없고"

물은 세상의 다른 존재와 다투지 않는다. 경쟁하려 하지 않고, 잘 보이려고 애쓰지도 않는다. 그저 자신이 옳다고 믿는 길을 묵묵히 흐를 뿐이다. 그러나 현대사회에서는 이런 태도를 유지하기가 쉽지 않다. 그러므로 "물은 온갖 것을 위해 섬길 뿐"이라는 표현에서 '섬긴다'라는 뜻을 오해해서는 안 된다. 노자가 말하는 섬김은 무조건 순종하거나 상대를 맹목적으로 우상화하는 것이 아니다. 그보다는 '존경 Respect'에 가깝다. 참고로 존경은 라틴어 'Respectus'에서 유래했는데, 이는 '주목하다', '돌아보다'라는 뜻의 동사 'Respicere'에서 파생한 단어다. 따라서 누군가를 존경한다는 것은 그 사람이 가진 진정한 가치를 주목하고, 내가 미처 보지 못했던 그의 본래 모습을 제대로 바라보는 것이다. 그렇게 사람들을 바라볼 수 있다면, 타인과 겨룰 일도, 불필요한 비난을 받을 일도 없다.

어쩌면 이런 설명이 지나치게 이타적이고 순종적으로 들릴 수도 있다. 너무 온유하고 부드러운 태도로만 살아가면 남에게 이용당하기 쉽다고 우려하는 이도 많을 것이다. 그러나 물은 겉보기와 달리 강력한 힘을 지니고 있음을 잊어서는 안 된다. 고압 펌프를 이용해 강철도 깨끗하게 절단할 수 있으니까. 그만큼 물은 부드러움과 강력함을 동시에 가지고 있는 존재다.

이뿐만 아니다. 2004년 인도양에서 발생한 쓰나미를 기억해 보자. 최대 높이 30m에 달하는 파도가 인도네시아와 주변 국가들을 덮쳤다. 파도의 시속은 800km에 이르렀다. 이는 KTX 속도의 2~3배이자 항공기 비행 속도와 맞먹는 수준이다.

상상해 보라. 약 10층짜리 아파트 높이의 파도가 시속 수백km로 밀려오는 장면을. 그 앞에서 인간이 할 수 있는 일은 아무것도 없다. 실제로 이 재앙으로 약 23만 명이 목숨을 잃고, 도시와 마을이 순식간에 파괴되었다. 이로써 우리는 평소엔 고요히 흐르던 물이 단숨에 모든 것을 삼키고, 휩쓸어 버릴 수 있음을 뼈저리게 깨달았다.

창세기 7장에서도 이런 물의 양면성에 대해 언급하고 있다. "홍수가 땅에 사십 일을 있었는지라 … 물이 땅에 더욱 넘치매 천하의 높은 산이 다 잠겼더니 … 지면의 모든 생물을 쓸어버리시니 곧 사람과 가축과 기는 것과 공중의 새까지라." 그렇다. 물은 한없이 온화하게 생명을 품어주기도 하지만, 때로는 모든 것을 집어삼키는 엄청난 파괴력을 지니기도 한다.

이처럼 물은 선과 악, 부드러움과 강력함을 모두 품고 있는 양면적인 속성을 지니고 있다. 노자가 물을 최고의 선에 비유한 이유도 어쩌면 이 양면성을 포괄하여, 인간이 따라야 할 삶의 자세를 전하고자 한 것 아닐까? 물처럼 평소에는 부드럽고 겸손하되, 필요할 때는 내면의 힘을 잃지 않는 삶 말이다.

"낮은 데를 찾아가 사는 자세"

한편 1977년, 인류는 우주를 향해 보이저 1호를 쏘아 올렸다. 이 탐사선의 임무는 태양계 외곽 행성들을 관측하고, 이후 태양계를 넘어 성간 공간을 탐사하는 것이었다. 이에 따라 보이저 1호는 인류의 우주관을 송두리째 바꿔놓을 발견들을 이어갔다.

1979년 3월 목성을 관측했고, 1980년 11월에는 토성에 도달했다. 이 과정에서 목성의 대적점이 반시계 방향 폭풍임을 확인했으며, 위성 이오에서 화산 활동이 활발히 일어나고 있음을 밝혀냈다. 이는 태양계 내 지구 이외의 천체에서 처음으로 발견된 화산 활동이었다. 또한 토성에서는 대기와 고리, 위성들을 정밀 관측했고, 위성 타이탄에는 두꺼운 대기가 존재한다는 사실도 밝혀냈다. 이로써 표면에 액체 탄화수소 바다가 있을 가능성이 제기되었다.

그로부터 시간이 흐른 1990년, 보이저 1호는 태양계를 벗어나는 궤도에 진입해 마지막 임무를 지시받는다. 바로 태양계 가족사진을 촬영하는 일이었다. 이때 보이저 1호는 지구로부터 약 60억km 떨어져 있었다. 이 소식을 접한 전 세계인이 궁금해했다. '저 머나먼 거리에서 바라본 태양계는 어떤 형태를 띠고 있을까?', '우리는 어떤 모습일까?' 긴 기다림 끝에 도착한 사진은 어두운 공간 속, 자세히 들여다보아야 겨우 보일 법한 작은 파란 점을 담고 있었다. 그

점이 바로 지구였다. '창백한 푸른 점 Pale Blue Dot'이라는 이름으로 불리게 된 이 사진은 인류에게 깊은 성찰을 남겼다.

이에 대해 천문학자 칼 세이건은 이렇게 말했다. "천문학은 겸허하고, 인격을 함양시키는 경험이다." 더불어 그의 저서 《창백한 푸른 점》에서도 보이저 1호가 찍은 사진을 인용하며, 위대한 구절을 남긴다.

저것이 우리의 고향입니다. 저것이 우리입니다. 당신이 사랑하는 모든 사람들, 당신이 아는 모든 이들, 예전에 삶을 영위했던 모든 인류들이 바로 저기에서 살았습니다. 우리의 기쁨과 고통, 우리가 확신하는 수천 개의 종교와 이념, 경제 체제, 모든 사냥꾼과 식량을 찾는 이들, 모든 영웅과 겁쟁이, 운명의 창조자와 파괴자, 모든 왕과 농부, 모든 사랑에 빠진 연인, 모든 어머니와 아버지, 촉망받는 아이, 발명가와 탐험가, 모든 성인과 죄인이 태양 빛 속에 떠다니는 저 작은 먼지 위에서 살다 갔습니다.
지구는 '코스모스'라는 거대한 극장의 아주 작은 무대입니다. 그 모든 장군과 황제들이 아주 잠시 동안 저 점의 작은 부분의 지배자가 되려 한 탓에 흘렸던 수많은 피의 강들을 생각해 보십시오. 저 점의 한 영역의 주민들이 거의 분간할 수도 없는 다른 영역의 주민들에게 끝없이 저지르는 잔학 행위를 생각해 보십시오. 그들이 얼마나 자주 불화를 일으키고, 얼마나 간절히 서로를 죽이고 싶어 하며, 얼마나 열렬히 증오하는지도요.

우리의 만용, 우리의 자만심……. 우리가 우주 속의 특별한 존재라는 착각에 대해 저 창백하게 빛나는 점은 이의를 제기합니다. 우리 행성은 사방을 뒤덮은 어두운 우주 속의 외로운 하나의 알갱이입니다. 이 거대함 속에 묻힌 우리를 우리 자신으로부터 구해줄 이들이 다른 곳에서 찾아올 기미는 보이지 않습니다. 좋든 싫든, 현재로선 우리가 머물 곳은 지구뿐입니다.

멀리서 찍힌 이 이미지만큼 인간의 자만이 어리석다는 걸 잘 보여주는 건 없을 겁니다. 저는 이것이, 우리의 책임을 강조하는 것 같습니다. 서로 좀 더 친절하게 대하고, 우리가 아는 유일한 보금자리인 창백한 푸른 점을 소중히 보존하는 것이 우리의 임무죠.

철학과 과학은 우리에게 먼 관점을 제시한다. 주관에서 객관으로, '나'라는 좁은 세상에서 '우주와 자연'이라는 광대한 세계로 시야를 확장시킨다. 그러니 잠시 세상을 이렇게 돌려보자. 우리가 풀지 못했던 미지의 영역들이 조금씩 이해될 것이다. 이를 돕는 것이 노자의 역할이다.

> ✻ 작가의 한 줄 ✻
>
> 부드러움과 강함은 공존할 수 있다.
> 물처럼 조화롭고, 유연한 삶을 살라.

04 유연함의 아름다움을 몸에 익혀라

도道를 체득한 훌륭한 옛사람은
미묘현통微妙玄通하여 그 깊이를 알 수 없었습니다.
그 깊이를 알 수 없으니
드러난 모습을 가지고 억지로 형용을 하라 한다면,
겨울에 강을 건너듯 머뭇거리고,
사방의 이웃 대하듯 주춤거리고,
손님처럼 어려워하고,
녹으려는 얼음처럼 맺힘이 없고,
다듬지 않은 통나무처럼 소박하고,
계곡처럼 트이고,
흙탕물처럼 탁합니다.
탁한 것을 고요히 하여
점점 맑아지게 할 수 있는 이 누구겠습니까?
가만히 있던 것을 움직여
점점 생동하게 할 수 있는 이 누구겠습니까?
도를 체득한 사람은 채워지기를 원하지 않습니다.
채워지기를 원하지 않기 때문에
멸망하지 않고 영원히 새로워집니다.

- 《도덕경》 중에서 -

"도를 체득한 훌륭한 옛사람은 미묘현통하여 그 깊이를 알 수 없었습니다."

역사적으로 '포커페이스'를 유지하는 능력은 권력자에게 필수적인 기술 중 하나였다고 한다. 자신의 속마음이나 목표를 상대가 알아차리는 순간, 원하는 대로 끌려갈 가능성이 높아지기 때문이다.

사회심리학에서는 이를 '인상 관리Impression Management'라고 하는데, 사회적·심리적·물질적 목표를 이루기 위해 타인에게 비치는 자신의 이미지를 의식적 또는 무의식적으로 조절하는 행위를 뜻한다.

오늘날에도 뛰어난 협상가들은 협상 과정에서 불리한 감정이나 불확실성, 진짜 의도를 상대에게 들키지 않도록 철저히 훈련받는다. 심지어 기쁨과 같은 긍정적인 감정까지도 상황에 맞추어 통제하고, 관리하는 연습을 한다. 협상에서 본인의 간절함이나 협상의 최저 한계선을 상대방에게 들키면, 불리한 조건에서 타협할 수밖에 없기 때문이다.

한편, 노자가 말하는 도를 체득한 사람은 깊고 미묘하여, 그 진짜 속내를 감히 짐작조차 할 수 없다. 장자 역시 같은 맥락으로 흥미로운 일화를 소개한다. 《장자-외편》〈달생 達生〉 편에 등장하는 유명한 이야기다.

옛날 제나라의 선왕은 닭싸움을 매우 좋아했다. 이에 기성자라는 조련사에게 최고의 싸움닭을 훈련시키도록 했다. 그로부터 열흘이 지나 왕이 기성자에게 물었다. "닭이 싸울 준비가 되었는가?" 기성자가 답했다. "아직 멀었습니다. 지금은 허세를 부리며, 자신의 힘만 믿고 날뛰는 상태입니다." 다시 열흘이 지나 왕이 물었다. "이제는 준비가 되었는가?" 기성자는 여전히 멀었다며, "다른 닭의 울음소리나 그림자만 봐도 쉽게 흥분하여 반응합니다."라고 했다. 또 열흘이 지나 왕이 물었다. "이제는 준비가 되었겠지?" 이때도 기성자는 "여전히 상대를 매섭게 노려보며, 기운을 과시하려 합니다."라며 멀었다고 했다. 다시 열흘이 지나 왕이 물었다. "이제는 정말 준비가 되었겠지?" 드디어 기성자는 이제 거의 다 되었다며 "다른 닭이 곁에서 아무리 울어도 전혀 동요하지 않습니다. 겉모습만 보면 나무로 깎아 만든 닭[木鷄]과 같습니다. 이것이 바로 덕德이 온전하게 갖추어진 상태입니다. 이제 다른 닭들은 감히 이 닭에게 맞서지 못하고, 그 모습을 보기만 해도 달아나 버릴 것입니다."라고 덧붙였다.

이처럼 노자와 장자가 말하는 성인은 미묘하여 그 깊이를 헤아리기 어렵다. 그들은 다양한 인간 군상의 모습을 자유롭게 오가며 보여준다. 어느 때는 완벽해 보이지만, 또 어느 때는 빈틈으로 가득하다. 장난을 칠 때는 한없이 가볍고 유쾌하지만, 진지할 때는 누구보다 엄격하고 진중하다.

> "겨울에 강을 건너듯 머뭇거리고, 사방의 이웃 대하듯 주춤거리고, 손님처럼 어려워하고, 녹으려는 얼음처럼 맺힘이 없고, 다듬지 않은 통나무처럼 소박하고, 계곡처럼 트이고, 흙탕물처럼 탁합니다."

최근에 많은 사람이 "선을 지키세요."라는 말을 자주 하는 듯하다. 친밀함과 편안함은 좋지만, 상대방이 불편함을 느끼는 경계를 넘어

서면 관계가 어려워지기 마련이다. 개인의 자유가 중요시되는 현대 사회에서 타인이 가진 '선'을 정확히 이해하고, 존중하며 살아가는 일이 결코 쉽지 않음은 분명하다.

나는 노자가 말한 성인이야말로 이 선을 진정으로 지킬 수 있는 사람이라고 생각한다. 그들에게 선이란 결코 고정되어 있지 않다. 가벼움과 무거움의 선, 따뜻함과 차가움의 선, 아이와 어른의 선 등 상황에 따라 적절히 균형 잡힌 마지노선을 유지한다. 즉, 성인은 무수한 경계와 선 사이를 자유자재로 넘나들며, 그 어떤 상황에서도 타인에게 불편함을 주지 않고, 자신의 중심을 지키는 사람이다.

또 노자가 묘사한 성인은 마치 겨울에 얼어붙은 강을 건너듯, 빠지지 않기 위해 신중하게 발걸음을 내디딘다. 아무리 친밀하고 편안해도 이웃 또는 손님을 대하듯 조심스럽게 예의를 갖춘다. 심지어 녹아내리는 얼음처럼 고정된 형태나 고정관념에 얽매이지 않고, 인위적으로 다듬지 않은 통나무처럼 자연스럽고 소박하다. 넓고 깊은 계곡처럼 모든 것을 있는 그대로 품고, 겉모습은 마치 흙탕물처럼 혼탁해 보인다. 그러나 시간이 지나 흙탕물이 가라앉으면 맑아지듯, 성인의 내면 역시 맑고 투명한 마음을 담고 있다. 노자가 말한 성인은 이렇게 쉽게 규정하거나 단정 지을 수 없는 존재다.

사람의 매력도 이와 비슷하다. 성격이나 모습이 단조로우면, 사람들은 금세 그 사람의 패턴을 읽어버린다. 그러면 상대에 대한 흥미와 관심이 줄어들 수밖에 없다. 안타깝지만 자연스러운 인간의 본능이다. 반대로 매력적인 사람은 쉽게 읽히지 않는다. 흔히 말하는 팜므파탈처럼 신비로움을 간직하고 있다. 타인에게 좋은 일이 있을 때는 누구보다 진심으로 함께 기뻐하고, 슬플 때는 분위기에 맞게 깊이 위로해 준다. 이런 사람은 시시때때로 생각나기 마련이다.

"도를 체득한 사람은 채워지기를 원하지 않습니다. 채워지기를 원하지 않기 때문에 멸망하지 않고 영원히 새로워집니다."

대다수가 생각하는 위대한 인물은 강력한 권력을 가졌거나, 모든 이에게 인정받는 명예로운 사람일 것이다. 그리고 그들은 마치 모든 것을 가득 채우고, 완벽하게 갖춘 사람처럼 느껴진다. 이렇게 영웅과도 같은 존재이기에, 우리는 그들을 동경하게 된다. 그런데《종의 기원》을 쓴 찰스 다윈은 이와 관련해 매우 흥미로운 말을 남겼다. "생존하는 것은 가장 강한 종도, 가장 영리한 종도 아니며, 가장 변화에 잘 적응하는 종이다."

다들 가장 강한 존재가 끝까지 살아남으리라 생각하지만, 실제로는 그렇지 않다. 극단적으로 강력하거나 공격적인 종은 잠시 한 시대를 지배할지 몰라도, 결국에는 멸종하고 만다. 특정 환경에 과도하게 특화된 존재일수록 환경이 변화할 때 유연하게 대응하지 못하는 '스페셜리스트'가 되기 때문이다. 반면, 크기도 작고 힘도 약했지만, 변화에 유연하게 적응했던 종들은 살아남아 오랜 시간 번성해 왔다. 결국, 살아남는 존재는 가장 강하고 완벽한 대상이 아니라 변화에 유연하게 적응하는 부류다.

더 먼 우주의 차원에서 본다면, 아무리 잘 적응한 종이라도 언젠가는 소멸할 운명이다. 그래서 노자가 말하는 성인은 자신이 우월하다고 으스대지 않는다. 자신 역시 언젠가는 소멸할 존재임을 잘 알기에 굳이 힘들여 다투지 않는 것이다. 대신 자연스러운 흐름에 몸을 맡기고, 운명의 길을 따라 살아간다. 녹아내리는 얼음처럼 억지로 저항하지 않으며, 주어진 운명과 대화하듯 유연하고, 담담하게 살아간다.

---

* 작가의 한 줄 *

생존하는 것은 가장 강한 종이 아니다. 가장 변화에 잘 적응하는 종이다.
억지로 저항하지 말고, 유연해지자.

05 세상에 영원한 위대함은 없다

하늘과 땅은 편애[仁]하지 않습니다.
모든 것을 짚으로 만든 개처럼 취급합니다.
성인도 편애하지 않습니다.
백성을 모두 짚으로 만든 개처럼 취급합니다.
하늘과 땅 사이는 풀무의 바람통.
비어 있으나 다함이 없고,
움직일수록 더욱더 내놓는 것.
말이 많으면 궁지에 몰리는 법.
중심[中]을 지키는 것보다 좋은 일은 없습니다.

- 《도덕경》 중에서 -

"하늘과 땅은 편애하지 않습니다. 모든 것을 짚으로 만든 개처럼 취급합니다."

노자의 도덕경 수업

유년기의 구별 기준은 단순하다. 자신에게 생리적으로 필요한 것과 필요하지 않은 것으로 나눈다. 쉽게 말해, 먹을 것과 먹지 말아야 할 것, 들어야 할 말과 듣지 않아도 될 말, 안전한 것과 안전하지 않은 것 등으로 복잡하지 않다.

하지만 나이가 들수록 다양한 잣대가 생긴다. 어떤 아파트에 사는지, 부모님이 어떤 차를 소유하고 있는지, 어떤 대학 출신인지 등을 따지게 되고, 비교 의식이 점차 커진다. 이에 따라 '나'라는 존재 가치의 척도가 점점 높아지면서, 결국 타인이 만들어낸 내가 되고 만다.

이 같은 구별 짓기의 원인을 작가 알랭 드 보통은 그의 저서《불안》에서 '사랑의 결핍'으로 본다. 설명을 덧붙이자면, 현대사회에 접어들면서 계층의 사다리는 더욱 가팔라졌고, 그 사다리가 추구하는 가치가 곧 나의 가치를 결정하며, 자아는 내면이 아닌 타인과 사회에 의해 규정된다. 이에 따라 현대인은 나의 행복을 외부에서 찾기 위해 집착하고, 타인의 관심과 애정을 갈망하게 되면서, 필연적으로 불안의 하녀가 되었다는 것이다.

"성인도 편애하지 않습니다. 백성을 모두 짚으로 만든 개처럼 취급합니다."

노자가 남긴 말이다. 여기서 '짚으로 만든 개'는 고대 중국에서 제사를 지낼 때 쓰였던 제물로, 제사를 지내기 전까지는 귀하게 대접받지만, 제사가 끝나고 나면 미련 없이 버려지는 물건이었다. 따라서 여기에는 아무리 유명하고 뛰어난 사람이라 할지라도, 잠시 쓰이다가 떠나갈 존재라는 의미를 담고 있다.

그렇다. 세상에 영원히 귀하게만 대접받는 사람은 없다. 위대한 인물은 끊임없이 태어나고, 지구라는 터전 역시 탄생과 몰락을 반복하며, 다시 새로운 형태로 융합된다. 철학자 게오르크 빌헬름 프리드리히 헤겔은 이러한 흐름을 '정반합'이라 불렀다.

한편, 명상 수행자들은 "집착을 내려놓아라."라는 말을 자주 한다. 하지만 이는 결코 쉬운 일이 아니다. 그러던 중 우연히 이런 문구를 발견하면서 그에 대한 고정관념이 조금씩 풀렸다. "명상할 때 집착을 내려놓으라는 것은 가진 것을 포기하라는 뜻이 아니다. 그것들이 언젠가 사라진다는 것을 알아차리라는 뜻이다." 이 문장을 만난 뒤, 노자의 말이 한층 또렷하게 다가왔다.

성인이 타인을 편애하지 않는 까닭은 모든 것이 언젠가는 사라지기 때문이다. 이때 사라지는 것은 우리가 타인에게 부여한 의미와 평가다. 긍정적인 평가든 부정적인 평가든 결국은 소멸할 운명임을 깨닫는 순간, 순수하고 단순한 존재만이 남는다. 성인은 바로 이 잣대로 사람들을 바라본다. 그래서 누구든 짚으로 만든 물건처럼 선입견 없이 있는 그대로 대할 수 있는 것이다.

"중심을 지키는 것보다 좋은 일은 없습니다."

앞서 말했듯 사회화가 진행될수록 구별 짓는 기준이 늘어나고, 계층 의식도 강해진다. 노자는 이런 상황에서 중심을 지키라고 강조한다. 흥미롭게도 현대 심리학에서도 중심을 유지하는 태도가 정신 건강에 유익하다고 보고한다.

한 연구에 따르면, 타인에 대한 관용이 높은 사람일수록 정신적으로 더 건강한 상태를 유지한다고 한다. 반대로 편견이 강한 사람은 심리사회적 기능이 저하되고, 정신건강 지표도 부정적인 경향을 보이며, 대인관계에서도 적대적이고 불안정한 모습을 드러낸다. 한마디로 과도한 편견은 스스로에게 심리적 부담과 불행을 안기는 셈이다.

또한 타인에 대한 지나친 우상화 역시 건강을 해친다. 상대에게 비현실적인 기대를 걸었다가 기대에 미치지 못하면, 크게 실망하고 좌절하기 때문이다. 연인 관계에서도 흔히 나타나는 현상이다. 이상형이라 믿었던 상대가 자신이 설정한 틀에서 조금만 벗어나도 사랑에 의문이 생기고, 관계가 파국에 이르기도 한다.

그래서 노자는 중심을 지킬 것을 거듭 강조했다. 단순하지만 쉽지 않은 과제다. 나 역시 이 중요성을 오래전부터 실감했지만, 여전히 완벽하게 실천하지는 못하고 있다. 다만, 과거의 선배들 또한 같은 어려움 속에서 묵묵히 이 길을 걸어갔다는 사실이 위안이 된다.

이러한 통찰은 동서고금을 넘어 이어져 왔는데, 로마 제국의 황제이자 스토아 철학자였던 마르쿠스 아우렐리우스는《명상록》에서 이렇게 말했다. "오늘 내가 만나게 될 사람들은 참견하기 좋아하고, 은혜를 모르며, 오만하고, 정직하지 못하며, 질투가 많고, 성격이 비뚤어진 자들일 것이다. 그들은 선과 악을 구별할 수 없어서 그렇게 행동한다. 그러나 나는 선의 아름다움과 악의 추함을 이미 알았고, 잘못을 저지르는 사람들도 결국 나와 비슷한 본성을 가진 존재라는 것을 깨달았다." 이를 통해 아우렐리우스는 우리 모두가 겉보기에 완전히 달라 보이더라도 실상은 서로 비슷한 존재로 인식했음을 알 수 있다. 그리고 그는 이 깨달음을 통해 타인을 억지로 구별하려는 강박에서 자유로워질 수 있었다고 고백하기도 했다.

그런데 이러한 편견은 끊임없이 반복되어 왔다. 신분이 다르고, 출생지가 다르고, 피부색이 다르다는 이유로 사람들은 서로를 나누어 왔다. 그러나 함께 살아가다 보면, 생각했던 것만큼 서로 나르지 않음을 알아차리게 된다. 그 순간, 머릿속을 강하게 얽매던 구별 짓기의 속박에서 벗어나게 되고, 큰 정신적 자유를 얻는다.

나의 어린 시절을 떠올려 봐도 그렇다. 나는 초등학교 때 잘 보이고 싶었던 친구가 있었다. 그는 친구 무리의 중심이자 우두머리였다. 그의 말 한마디에 누군가는 친구들 사이에서 더 큰 인기를 얻기도 하고, 누군가는 따돌림을 당하기도 했다. 그는 내가 처음으로 경험한 강력한 권력자였다. 어린 나이였지만, 대인관계에서 비롯된 괴로움과 스트레스는 꽤 컸다. 다행히 졸업 후, 서로 다른 학교에 배정되면서 그의 그늘에서 벗어날 수 있었다.

그로부터 시간이 훌쩍 지나 성인이 되어 우연히 그를 다시 만났다. 그런데 누구도 말리지 못했던 권력을 휘두르던 모습은 온데간데없었다. 내 앞에는 그저 나와 다를 바 없는 평범한 한 사람이 서 있을 뿐이었다. 그제야 나는 그를 온전히 볼 수 있었다. 미움도 공포도 사라지니, 어린 시절에는 보지 못했던 한 인간의 모습이 드러난 것이다. 덕분에 오랫동안 마음속에 남아 있던 트라우마도 조금씩 내려놓을 수 있었다.

"모든 사람을 짚으로 만든 개처럼 대한다."라는 노자의 말이 다시 떠오른다. 물론, 이런 이치를 알게 되었다고 해서 앞으로 살아가면서 구별 짓기나 인간관계에서 오는 괴로움을 완벽히 피할 수는 없을 테다. 하지만 노자의 말은 우리에게 작은 틈을 만들어준다. 이해할 수 없는 행동을 하는 누군가로 인해 화가 치밀어 오르더라도 '그래, 그럴 만한 이유가 있겠지.' 하고 잠시 멈춰 생각할 기회를 준다. 그다음은 온전히 자신의 선택이다. 다시 상대를 비판해도 좋고, 상대를 조금 더 이해하여 분노를 내려놓아도 좋다. 노자도 정답을 강요하기보다는 평소 선택하지 않던 새로운 길을 제시하고 있으니까. 그렇기에 오랜 세월이 지난 지금도 노자가 남긴 글이 우리에게 읽히는 게 아닐까 한다.

✻ 작가의 한 줄 ✻

구분과 차별은 다르다. 자연의 시선으로 보면 우월함과 열등함은 의미가 없다.
성인은 자연의 이치를 따르기에, 타인을 편애하지 않는다.

PART 4

작은 실천이
쌓아 올리는 길

01 화려한 언변보다 작은 실천이 빛난다

믿음직스러운 말은 아름답지 않고,
아름다운 말은 믿음직스럽지 않다.
선한 사람은 말을 잘하지 못하고,
말을 잘하는 사람은 선하지 않다.
지혜로운 사람은 박식하지 않고,
박식한 사람은 지혜롭지 않다.
성인은 어떤 것도 쌓아두지 않고,
이미 다른 사람을 위함으로써
자신이 더욱더 갖게 되고,
이미 다른 사람에게 주었는데도
자신은 더욱더 많아지게 된다.
하늘의 도道는 이롭게 해주면서도 해를 끼치지 않고,
성인의 도는 일을 하면서도 다투지 않는다.

- 《도덕경》 중에서 -

"믿음직스러운 말은 아름답지 않고, 아름다운 말은 믿음직스럽지 않다."

노자의 도덕경 수업

　노자는 말과 행동의 일치를 중요하게 여긴다. 행동은 하지 않으면서 말만 앞서는 것을 가장 부자연스러운 모습으로 보았다. 자연을 바라보면 알 수 있다. 자연은 말이 아니라 조용한 움직임으로 보여준다. 언제나 겸손하고 조용하게, 필요한 만큼만 움직인다.

　'언행일치 言行一致'는 인간관계에서도 아주 중요한 자리를 차지한다. 신뢰란 결국, 사람과 사람 사이를 단단히 이어주는 접착제 같은 것이다. 신뢰가 있는 관계에서는 자연스러운 친밀감이 흐르고, 정서적인 안정과 협력도 쉽게 이뤄진다. 하지만 신뢰가 한 번 무너지면 갈등은 깊어지고, 협력도 흔들린다.

'언행불일치 言行不一致'는 이런 신뢰를 가장 빠르게 무너뜨리는 원인 중 하나다. 심리학에서는 이를 '기대 위반 이론 EVT, Expectancy Violation Theory'으로 설명하기도 한다. 이 이론에 따르면, 상대가 내 기대와 다른 행동을 할 때, 우리는 그에 따라 반응하고 평가한다고 한다. 쉽게 말해, 기대가 크지 않은 사람은 "원래 저런 사람이니까." 하며 넘기지만, 반대로 기대가 높은 사람은 작은 잘못도 크게 받아들이고, 오래 기억한다. 기대가 높았던 만큼 실망도 더 크게 하는 것이다.

이처럼 언행불일치는 관계를 빠르게 틀어지게 만든다. 특히 말로 사람을 사로잡는 이들은 초반에는 쉽게 이익을 얻는다. 화려한 말로 기대를 키워 신뢰를 얻지만, 문제는 그 말에 걸맞은 행동을 꾸준히 보여주기가 쉽지 않다는 데 있다. 예를 들어, 사랑한다는 말은 누구나 할 수 있지만, 진정으로 사랑을 실천하며 살아가는 일은 어렵다. "최선을 다하겠다."라는 말은 쉽게 나오지만, 꾸준히 최선을 다하는 모습으로 살아가는 일은 결코 쉽지 않다.

우리는 이런 모습들을 주변에서 쉽게 본다. 선거철이 되면 정치인들은 시민들의 마음을 얻기 위해 그럴듯한 공약을 쏟아낸다. 하지만 시간이 지나 약속이 지켜지지 않으면 비난의 목소리가 거세진다. 직장에서도 비슷한 일이 일어난다. 상사가 "이번 프로젝트만 잘 끝내면 승진을 고려하겠다."라고 말하지만, 말뿐으로 끝나 상처를 남기기도 한다. 이렇게 말과 행동이 어긋나는 장면은 우리 일상에서 낯설지 않게 반복된다.

반면, 자연은 시끄럽게 떠들지 않는다. 자연은 말없이 행동할 뿐이다. "이제 곧 추운 겨울이 올 거야!"라고 미리 알리지 않는다. 그저 때가 되면 한겨울이 조용히 찾아온다. "너에게 아름다운 선물을 준비했어!"라고 떠들지 않아도, 봄이 오면 아름다운 꽃들이 말없이 피어나 우리에게 감탄을 안겨준다. 이처럼 적절한 시기가 되면 묵묵히 결과로 보여주니, 노자는 성인의 모습을 겸손하고, 고요한 자연에서 발견했다.

노자가 강조한 이런 자연의 원리를 기억하면 좋겠다. 말은 줄이고, 행동을 늘려보자. 그렇게 살아갈 때, 사람들과 더 깊고 진정성 있는 관계를 맺을 수 있다. 오래 지속되는 믿음은 아름다운 말이 아니라 일관된 행동에서 비롯되니까.

"선한 사람은 말을 잘하지 못하고, 말을 잘하는 사람은 선하지 않다."

한편, 공자가 생각한 이상적인 사람은 '군자君子'였다. 그리고 제자들에게 "군자는 말은 더듬거리듯이 신중하고 천천히 하되, 행동은 민첩하고 분명하게 하는 사람"이라고 가르쳤다. 여기에 더해 말을 화려하게 꾸미기보다는 뜻이 정확히 전달되도록 하고, 과장된 말과 빈말을 엄격히 경계하라고 일렀다. 또한 늘 말보다 실천이 중요하다고 강조했다.

성경에도 비슷한 가르침이 있다. 잠언 10장 19절에는 "말이 많으면 허물을 면하기 어려우나 입술을 다스리는 자는 지혜가 있느니라."라고 적혀 있다. 즉, "이웃을 사랑하고, 신의 마음으로 세상을 대하라."라는 말은 누구나 쉽게 할 수 있지만, 그것을 제대로 실천하는 사람은 많지 않다. 말처럼 행동하기는 그만큼 어렵기 때문이다.

이와 관련해 성경에는 유명한 '착한 사마리아인의 비유'가 있다. 한 유대인 율법교사가 예수에게 다가와 "영원한 생명을 얻으려면 무엇을 해야 합니까?"라고 물었다. 그러자 예수는 "성경에는 어떻게 기록되어 있습니까?"라고 되물었다. 이에 율법교사는 "하나님을 사랑하고 내 이웃도 내 몸과 같이 사랑하라고 쓰여 있습니다."라고 답했다. 그의 대답을 들은 예수는 그를 칭찬했다. 그러나 율법교사는 다시 물었다. "그렇다면 누가 나의 이웃입니까?" 이 질문에 예수는 다음과 같은 비유를 들었다.

어느 날 한 유대인 남자가 여행 중 강도를 만나 크게 다쳐 길가에 쓰러졌다. 마침 그 길을 지나던 유대인 종교 지도자가 이를 보고도 그냥 지나쳤다. 잠시 후, 또 다른 종교인도 그를 보았지만 외면했다. 그런데 얼마 후, 유대인들이 평소 멸시하던 사마리아인이 그곳을 지나가다 쓰러진 남자를 발견했다. 그는 그를 불쌍히 여겨 상처를 치료하고, 자신의 나귀에 태워 가까운 여관으로 데려가 밤새 돌봐주었다. 다음 날 아침, 사마리아인은 여관 주인에게 돈을 주며 말했다. "이 사람을 잘 보살펴 주십시오. 비용이 더 들면, 제가 돌아오는 길에 반드시 갚겠습니다."

예수는 이 이야기를 마치고 율법교사에게 물었다. "이 세 사람 중 누가 강도당한 사람의 진정한 이웃입니까?" 율법교사는 "그를 도와준 사마리아인입니다."라고 답했다. 그랬더니 예수가 말했다. "가서 당신도 그와 같이 하십시오."

앞서도 말했지만, 이웃을 내 몸처럼 사랑하라는 말은 누구나 할 수 있다. 하지만 그 말을 실천하는 사람은 많지 않다. 예수, 석가모니, 공자, 소크라테스가 현대인에게 '4대 성인'으로 기억되는 이유는, 그들이 단순히 말을 잘해서가 아니라 자신이 한 말을 직접 실천한 덕분이다. 그들의 일화를 들을 때 깊은 감동과 깨달음을 얻는 이유도 바로 여기에 있다.

그래서 노자와 같은 지혜로운 사람은 말보다 행동을 높이 평가한다. 진정으로 선한 사람은 화려한 언변으로 타인을 설득하지 않고, 묵묵히 행동으로 자신의 신념을 증명한다. 그런 사람이야말로 세상을 바꾸고, 감동을 주는 힘을 가진 사람이다.

"지혜로운 사람은 박식하지 않고, 박식한 사람은 지혜롭지 않다. 성인은 어떤 것도 쌓아두지 않고, 이미 다른 사람을 위함으로써 자신이 더욱더 갖게 되고, 이미 다른 사람에게 주었는데도 자신은 더욱더 많아지게 된다."

붓다의 가르침에서도 공자와 예수가 전한 메시지와 비슷한 깊은 지혜를 엿볼 수 있다. 초기 불교의 대표 경전인 《상윳따 니까야 Samyutta Nikaya》에는 우리의 마음을 깊이 울리는 일화가 있다.

한때 붓다가 숲속에 머물 때였다. 그는 숲에서 손에 잎사귀 몇 장을 집어 들고 제자들을 불렀다. 그리고 그들에게 물었다. "그대들이여, 내가 손에 들고 있는 이 잎사귀들과 이 숲 전체에 있는 잎사귀 중 어느 것이 더 많은가?" 제자들은 답했다. "세존이시여, 손에 들고 계신 잎사귀는 아주 적습니다. 숲 전체에 있는 잎사귀가 훨씬 더 많습니다." 그러자 붓다는 그들에게 이렇게 말했다. "나의 가르침도 그러하니라."

붓다가 깨달은 진리는 숲속의 잎처럼 헤아릴 수 없이 많지만, 그가 제자들에게 말로 설명한 것은 겨우 손에 든 몇 장의 잎사귀에 불과하다는 뜻이다. 그가 본 진리의 세계는 언어나 개념으로 모두 담아낼 수 없는 것이었기 때문이다. 이렇게 진정한 깨달음은 완벽한 논리로 설명할 수도 없고, 논리적인 설명만으로 온전히 체험할 수도 없다. 그래서 성인들은 늘 비유를 즐겨 사용했다. 세상의 진리를 그대로 설명할 수 없기에, 비유라는 지혜로운 수단을 통해 사람들을 깨달음의 문턱으로 인도한 것이다.

그래서 붓다는 제자들에게 자주 말했다. 자신이 설한 모든 가르침은 궁극적인 진리가 아니라 하나의 방편일 뿐이며, 참된 깨달음은 언어와 개념을 넘어선 곳에 있다고 했다. 그리고 깨달음의 순간이 오면 그 소중한 가르침조차도 모두 내려놓아야 한다고 가르쳤다. 이것이야말로 진정한 지성인이 가진 위대한 겸손이다.

   노자의 말도 이와 크게 다르지 않다. 지혜로운 사람은 결코 박식함을 자랑하지 않으며, 말을 많이 하지도 않는다. 심지어 자신이 가진 지식과 재물을 온전히 자기 것이라고 착각하거나 소유하려 하지 않는다. 내 것은 본래 없으므로 자연스럽게 사람들과 나눈다. 그렇게 주고받는 흐름 속에서 사람들은 감사함을 느끼고, 오히려 더 많은 것을 되돌려 준다. 그리하여 굳이 욕심을 부려 쌓아두려 하지 않아도 그는 점점 더 풍족해진다.

   이렇듯 진정한 성인들이 전하는 메시지는 한 방향을 가리킨다. 그들이 깨달은 진리의 방향은 서로 다르지 않다. 우리에게 그것은 고마운 이정표가 되어준다. 만약 세상이라는 끝없는 바다에서 어떻게 살아야 할지 몰라 헤매고 있다면, 그들이 가리키는 방향을 따라가 보면 된다. 그 끝에 완벽한 정답이 기다리고 있지 않더라도, 그 길을 걸어가는 동안 우리는 이미 충분히 많은 것을 얻게 될 것이다. 이것이 그들의 지혜가 수천 년 동안 인류와 함께 살아 숨 쉬는 이유이다.

> **＊ 작가의 한 줄 ＊**
>
> 삶의 진정한 깨달음은 소유나 언어를 초월한다.
> 자연은 말없이 행동한다.

02 부드럽고 약한 것이 굳세고 강한 것을 이긴다

오므리려면 일단 펴야 합니다.
약하게 하려면 일단 강하게 해야 합니다.
폐하게 하려면 일단 흥하게 해야 합니다.
빼앗으려면 일단 줘야 합니다.
이것을 일러 '미묘한 밝음[微明]'이라 합니다.
부드럽고 약한 것이 굳세고 강한 것을 이깁니다.
물고기가 연못에서 나와서는 안 됨 같이
나라의 날카로운 무기도 사람들에게 보여서는 안 됩니다.

- 《도덕경》 중에서 -

"오므리려면 일단 펴야 합니다. 약하게 하려면 일단 강하게 해야 합니다. 폐하게 하려면 일단 흥하게 해야 합니다. 빼앗으려면 일단 줘야 합니다."

노자의 도덕경 수업

 대부분의 사람은 협상이나 설득에서 자신의 입장만 고집해서는 안 된다는 사실을 잘 알고 있다. 그런데도 자신이 직접 문제를 마주하면, 그 이치를 쉽게 잊고, 자신의 주장만을 앞세우게 된다. 그러다 보면 애써 얻을 수 있었던 기회조차 스스로 놓쳐버리는 경우가 많다. 바로 이런 상황을 두고 '소탐대실小貪大失'이라고 한다. 작은 이익에 집착하다가 더 큰 것을 잃어버리는 것이다.

 노자는 이러한 이치에 대해 강한 통찰을 준다. "오므리고 싶다면 먼저 펼 줄 알아야 하고, 약해지고자 한다면 먼저 강해질 줄 알아야 한다. 무너뜨리고자 한다면 먼저 흥하게 두어야 하고, 상대에게서 빼앗으려면 먼저 주어야 한다." 나는 노자의 이 말에 인간 심리에 대한 탁월한 통찰이 담겨 있다고 생각한다. 깊이 들여다보면, 이 구절은 놀랍도록 실용적인 설득과 처세술의 정수를 담고 있다.

사회심리학에서는 이를 '상호성의 원칙 Law of Reciprocality'이라 부른다. 사람은 타인에게서 호의나 선물, 서비스, 양보를 받으면 자신도 그만큼 되돌려주려는 심리적 경향을 갖게 된다는 것이다. 이러한 경향은 사회적 예절과 규범으로 자리 잡아, 인간관계를 유지하는 중요한 원리로 작용하게 되었다. 더 나아가 인류학자 리처드 리키는 인류가 생존하고 번성할 수 있었던 핵심 요인으로 이 상호성의 원칙을 꼽았다. 즉, 우리 조상들은 식량과 기술을 공동체 구성원들과 기꺼이 나누는 법을 터득했고, 그 결과 사회적 네트워크를 형성하며, 서로 간의 의무감을 강화할 수 있었다는 것이다. 그리고 이런 상호성은 인간의 사회성을 발전시키고, 인간다움을 유지하며, 더 나은 생존 조건을 만들어내는 토대가 되었다고 주장한다.

리처드 리키의 말대로 사람에게 교환 행위는 본능적이고, 자연스러운 행동일지 모른다. 다만, 여기서 중요한 점은 물질만 교환하지 않는다는 사실이다. 인간은 감정이나 가치관 같은 비물질적인 요소 역시 교환한다. 이를 설명하는 대표적인 개념이 '사회교환이론Social Exchange Theory'이다. 이 이론에 따르면, 인간관계 역시 암묵적인 교환 관계로 볼 수 있으며, 사람들은 관계를 통해 자신에게 돌아오는 보상이나 이익을 기대하며 타인과 연결을 맺는다. 매우 당연한 이치다. 우리는 자연스럽게 주변에 더욱 건강하고 유익한 사람이 많아지기를 바라며, 그것이 곧 나의 삶을 더 나아지게 만든다고 믿는다.

그런데 여기엔 한 가지 문제가 있다. 나만 그런 생각을 하는 게 아니라, 모든 사람이 똑같은 마음을 갖고 있다는 점이다. 모든 개인은 본인의 이익을 가장 중요한 목적으로 삼는다. 심리학에서는 이를 '심리적 이기주의Psychological Egoism'라고 하는데, 겉보기에 이타적인 행동이라 할지라도 근본적으로는 자기 자신에게 돌아올 이익을 염두에 두고 행한다는 뜻이다. 개인적으로 이 관점에 깊이 동의한다. 사람은 각자가 자기 삶의 주체로서 자신에게 돌아오는 이익을 분명히 느낄 때 행복과 만족을 더 크게 느끼기 때문이다.

이러한 관점에서 인간관계를 다시 바라보면 흥미로운 측면이 드러난다. 사람들은 의식적으로든 무의식적으로든 무언가를 받기를 기대하며 상대방에게 먼저 무언가를 준다. 상대방은 그로 인해 만족감을 얻고, 자신 역시 상대방에게 무언가를 돌려주고 싶은 마음이 생긴다. 엄밀히 말해, 이는 상대방을 위해서라기보다는 본인을 위한 행동이다. 내가 무언가를 받았을 때, 그만큼 상대방에게 돌려주는 행동이 오랜 인류의 생존 전략이었으니까. 이에 따라 받은 것을 되갚지 않고, 일방적으로 받기만 하는 사람은 공동체에서 배척당할 가능성이 높았다. 그리하여 사람들은 이런 빚진 느낌을 본능적으로 싫어하며, 받은 만큼 반드시 돌려주려고 한다. 노자는 이 같은 인간의 미묘한 심리를 꿰뚫고 있었기에 "빼앗으려면 먼저 주어야 한다."라고 역설했다.

"부드럽고 약한 것이 굳세고 강한 것을 이깁니다. 물고기가 연못에서 나와서는 안 됨 같이 나라의 날카로운 무기도 사람들에게 보여서는 안 됩니다."

한편, 이와 관련해 1970년대 심리학자인 데니스 리건은 인간이 얼마나 빚진 느낌을 불편하게 여기고, 받은 만큼 갚으려는 본능이 강한지를 알아보기 위한 실험을 진행했다. 이때 참가자들은 자신이 미술 작품 평가에 관한 실험에 참여한다고 알고 있었는데, 실험이 진행되는 동안 참가자들은 '조Joe'라는 인물과 함께 실험실에 있었다. 중간에 휴식 시간이 주어졌고, 이때 조는 참가자 중 일부에게는 콜라를 사서 나눠주고, 다른 일부에게는 아무것도 제공하지 않았다. 그리고 미술 작품 평가가 끝날 무렵, 조는 모든 참가자에게 이렇게 제안했다. "자선기금 마련을 위한 복권을 판매하고 있는데, 혹시 구매해 주실 수 있나요?" 그랬더니 매우 흥미로운 결과가 나왔다. 조에게 콜라를 받은 집단이 콜라를 받지 않은 집단보다 약 2배나 더 많은 복권을 구입한 것이다. 게다가 조에게 아무것도 받지 않은 참가자들은 별다른 빚진 감정을 느끼지 않은 반면, 콜라를 무료로 받은 참가자들은 고맙기도 하지만 동시에 어딘지 모르게 찝찝한 감정을 느꼈다. 따라서 이러한 기분을 해소하기 위해 작은 금액의 자선 복권을 구입하는 행동이 무척 자연스럽고, 합리적으로 느껴졌던 것이다.

또 다른 흥미로운 사례가 있다. 1974년, 사회학자 필립 쿤즈는 일명 '크리스마스카드 실험'을 진행했다. 그는 크리스마스를 맞아 무려 600명에게 카드를 보냈는데, 재미있는 건 이 600명의 사람은 쿤즈의 가까운 지인이 아니라 서로 전혀 알지 못하는 무작위의 사람들이었다는 점이다.

잠시 상상해보자. 만약 당신이 전혀 알지 못하는 사람에게서 크리스마스카드를 받았다면 어떤 기분이 들까? 아마 대부분은 '잘못

보낸 게 아닐까?'하며 그냥 넘어갈 것이다. 그러나 필립 쿤즈는 이 실험에 흥미로운 장치를 하나 더 추가했다. 그는 단순히 카드를 보내는 데 그치지 않고, 카드 속에 본인의 가족사진과 함께 정성스럽게 쓴 짧은 인사말을 담아 보냈다. 그 결과, 놀랍게도 200명이 넘는 사람들이 쿤즈에게 답장으로 카드를 보냈다. 이들은 쿤즈가 누구인지도 모르고, 앞으로 그와 친해질 계획도 전혀 없었지만, 자신이 받은 작은 호의에 대한 답례로 응답한 것이다. 이 실험 역시 상대가 낯선 사람일지라도 나에게 무언가 작은 이익이나 호의를 베풀었다고 느끼면, 가만히 있기가 불편한 인간의 본능적 상호성 원칙을 잘 보여주는 예시라 할 수 있다.

이로써 노자는 부드럽고 약한 것이 굳세고 강한 것을 이긴다고 말한다. 또한 날카로운 무기는 사람들에게 함부로 드러내서는 안 된다고 경고한다. 나는 이 말이 상호성 원칙을 문학적으로 매우 잘 표현하고 있다고 생각한다. 예를 들어, 누군가 본인이 잘났다고 으스댈 때, "내가 더 뛰어나!"라고 맞받아치며 강하게 나가면, 승자와 패자가 나뉘는 정면 대결이 되고 만다. 설령 내가 이긴다고 해도, 그 과정에서 소모되는 에너지는 막대하다. 그래서 야생의 맹수들도 가능하면 쉬운 먹잇감을 먼저 찾는 것이다. 본인이 싸워 이길 수는 있어도 그 과정에서 너무 큰 피해를 입을 수 있는 상대라면 무리한 사냥을 하지 않는다. 무리하게 공격하다가 뼈가 부러지거나 깊은 상처를 입게 되면, 생존 자체가 위협받기 때문이다. 이 역시 자연의 이치이다.

그렇다. 군세고 강한 존재끼리 부딪히면, 양쪽 모두가 큰 에너지를 잃게 된다. 이러한 까닭으로 노자는 부드럽고 유연하게 접근하면, 적은 힘으로도 원하는 것을 얻을 수 있다고 가르친다. 우리 역사에서도 고려의 서희가 외교적 담판을 통해 강동 6주를 획득한 사례가 이를 잘 보여준다. 이처럼 힘은 꼭 필요할 때만 적절히 사용하는 것이 진정한 지혜다.

예수 그리스도 역시 받는 것보다 주는 것이 더 복되다고 했으며, 붓다는 베풀수록 복이 찾아오고 마음이 더욱 넉넉해진다며 보시布施를 강조했다. 또 공자는 자신이 원하지 않는 것을 남에게 행하지 말라는 황금률을 가르쳤고, 맹자 또한 어진 사람은 남을 이롭게 한다고 말했다.

이처럼 성인이라 불리는 인류의 위대한 지성들은 이미 깨닫고 있었다. 결국 자신을 진정으로 행복하게 만들고, 장기적으로 큰 이익을 가져다주는 것이 인간 본연의 심리 법칙이라는 사실을 말이다.

나는 이러한 지혜로운 가르침들이 같은 진리를 각자의 언어로 표현하고 있을 뿐이라고 생각한다. 그러니 잊지 말자. 타인에게 주는 것은 단지 무언가를 빼앗기는 행위가 아니라 더 높은 차원에서 무언가를 얻는 길이라는 걸 말이다.

---

* 작가의 한 줄 *

작은 이익에 집착하면 더 큰 것을 잃을 수 있다.
무언가를 얻기 위해서는 먼저 베풀어라.

03. 성공의 지름길은 성실함 위에 있다

나에게 길을 확실하게 잘 아는 사람이 있어
대도 大道 를 가게 한다 하더라도,
오직 나쁜 길로 가게 될까 두렵다.
대도는 아주 평탄하나,
백성들은 지름길을 좋아한다.

- 《도덕경》 중에서 -

"나에게 길을 확실하게 잘 아는 사람이 있어 대도를 가게 한다 하더라도, 오직 나쁜 길로 가게 될까 두렵다."

노자의 도덕경 수업

이 글을 읽을 때마다 문득 떠오르는 한 사람이 있다. 세라믹과 전자부품을 만드는 '교세라'를 세운 기업가이자 《왜 일하는가》를 쓴 이나모리 가즈오다. 참고로 교세라는 포브스 글로벌 기준으로 전 세계 상장 기업 가운데 약 670위에 오를 만큼 큰 기업이다. 그러나 나는 그가 이룬 성취보다, 그가 걸어온 길 위에 깃든 삶의 태도에서 노자의 가르침과 깊이 닮아 있음을 느낀다.

이나모리 가즈오는 대학 졸업 후 쇼후공업이라는 회사에 입사했다. 쇼후공업은 일본 최초로 고압초자를 생산하며 번창했던 기업이었다. 하지만 그가 입사할 당시, 회사는 경영 악화로 모든 부서가 적자였고, 급여조차 제대로 지급하지 못하는 열악한 상태였다. 젊었던 그는 회사의 열악한 환경에 실망하여 퇴사를 결심했다. 그러나 가족들의 만류로 마음을 돌려 회사를 떠나지 않았다. 당장 현실을 받아들이기로 결심을 하기는 했으나 처음부터 쉽지는 않았다. 불만이 습관처럼 터져 나왔기 때문이다. 그런 가운데 점차 자신의 상황을 인정하며, 주어진 일에 몰두하기로 마음을 다잡았다. 그렇게 자신의 일에 전념하자 삶에 변화가 생겨나기 시작했다. 그 와중에 그는 일본 최초로 새로운 세라믹 재료 합성에 성공한다. 그리고 이 세라믹 소재는 당시 급성장하던 텔레비전 산업에서 절연재로 큰 수요를 얻었다. 이 성과로 그는 입사한 지 2년 만에 팀장으로 승진했다.

이후 이나모리 가즈오는 회사에서 독립해 27살이라는 젊은 나이에 교세라를 창업했다. 이제 순조롭게 나아갈 줄 알았지만, 회사 초창기부터 위기가 닥쳤다. 기대만큼 성과가 쉽게 나오지 않았고, 신입 사원들은 상여금과 승급을 요구하며 집단 퇴사를 선언했다. 자칫 모든 노력이 물거품이 될 수도 있는 상황이었다. 그러나 그는 적당히 타협하거나 회피하지 않고, 정면 돌파를 선택했다. 불만을 품은 신입사원들을 자신의 집으로 초대해 사흘 밤낮을 함께 보내며, 진심으로 대화했다. 형식적으로 넘길 수도 있었지만, 그는 끝까지

진솔한 대화를 통해 조직의 단합을 끌어냈다.

이 경험을 통해 그는 중요한 깨달음을 얻었다. 사업은 단순히 돈을 버는 행위가 아니라 세상에 의미 있는 가치를 더하는 일이며, 이를 위해서는 강력한 신념과 다짐이 필요하다는 사실이었다. 그때부터 그는 자신만의 경영 철학을 세웠다. 바로 '이타적 경영'이었다. 이에 따라 사업의 근본 목적은 직원들의 행복과 사회의 발전에 있다는 신념을 확립했고, 돈을 버는 것을 넘어 인간으로서 옳은 일을 하겠다고 다짐했다.

이나모리 가즈오는 이 신념을 평생 지켜냈다. 그가 세상을 떠날 때까지 60년 넘는 세월 동안 한결같이 자신의 원칙을 지키며 타협하지 않았다. 수많은 유혹과 갈림길이 있었을 테지만, 그는 언제나 내면의 신념을 기준으로 자신이 옳다고 믿는 길을 선택했다. 이는 노자의 가르침과도 닮아 있다. 아무리 좋은 길을 알려주는 이가 있어도, 자기 신념과 중심이 흔들리면 그릇된 길로 빠질 수 있다는 경고다. 결국 올바른 길은 외부가 아닌 내면에서 비롯된다. 확고한 신념과 단단한 마음가짐이 없다면 우리는 끊임없이 외부의 유혹과 압박에 흔들릴 수밖에 없다. 노자가 말한 두려움 역시 바로 이러한 마음의 불안정에서 비롯되는 게 아닐까 생각해 본다.

"대도는 아주 평탄하나, 백성들은 지름길을 좋아한다."

노자는 옳은 길은 아주 평탄하지만, 많은 사람이 지름길을 좋아한다고 말한다. 현대사회에서 사람들은 빠른 성공을 갈망한다. 최대한 빠르게 성공하고, 남들보다 먼저 높은 자리에 올라가기를 원한다. 그런 목표를 성취한 사람들을 보며 부러워하고, 동경한다.

그런데 우리가 부러워하는 빠른 성공을 이룬 사람들은 과연 쉽게 그 성과를 얻었을까? 그들이 단지 쉬운 길만을 택했기에 그 자리에 오른 것일까? 사회적으로 큰 성공을 거둔 사람들의 인터뷰를 보면, 공통적으로 이런 말을 자주 한다. "나는 무언가를 바라지 않고 그저 전념했을 뿐이다." 오직 주어진 일에 최선을 다했을 뿐이고, 그 결과는 하늘이 내려준 선물이라며 겸허히 말한다.

하지만 나를 포함한 많은 사람은 그들의 화려한 성과만 바라볼 뿐, 그들이 겪었던 고통과 희생에는 관심을 두지 않는다. 성공을 얻기 위해 포기해야 했던 것이 헤아릴 수 없이 많았을 수 있고, 누군가는 가족과 친구를 잃기도 했겠지만, 이런 부분은 좀처럼 드러나지 않기 때문이다. 아니, 어쩌면 애초에 보고 싶은 것만 보려 하기에 보이지 않는 것일 수도 있다. 그렇다 하더라도 나중에 그런 뒷이야기를 접하게 되면, 세상에는 결코 공짜로 얻어지는 것이 없다는 사실을 새삼 깨닫게 된다. 그래서 인류의 많은 스승은 우리에게 지름길을 탐하지 말라고 가르쳐 왔다. 이런 스승들의 가르침을 잘 표현한 이솝우화 한 편을 소개한다.

옛날 어느 마을에 가난한 농부와 그의 아내가 살고 있었다. 하루는 그들이 키우던 거위가 황금알을 낳았다. 처음 겪는 일에 그들은 자신의 눈을 의심했지만, 그 황금알을 시장에 가져가 팔자 큰돈을 손에 쥘 수 있었다. 다음 날에도 거위는 황금알을 낳았고, 농부 부부는 날마다 황금알을 얻으며 점차 풍족한 삶을 누리게 되었다. 그러나 시간이 흐르면서 탐욕이 생겨났다. 하루에 하나씩 알을 얻는 것으로는 만족할 수 없게 된 것이다. 그러던 어느 날, 아내가 말했다. "거위의 몸속에는 아마도 황금이 가득 차 있을 거야. 차라리 거위를 죽여서 한꺼번에 모두 꺼내자." 욕심에 눈이 먼 농부는 아내의 말대로 거위를 죽였다. 그러나 거위의 뱃속은 평범한 거위와 다를 바 없었다. 결국 황금알을 낳던 거위를 잃은 농부 부부는 다시 가난한 삶으로 돌아갔고, 깊은 후회를 안고 살아가야만 했다.

우리에게 너무나도 익숙한 〈황금알을 낳는 거위〉 내용이다. 이 우화는 그 어떤 철학책보다 심오한 삶의 이치를 담고 있다. 아주 단순하고 쉬운 이야기라서 무심코 지나치기 쉽지만, 그 속에 숨은 뜻을 곰곰이 음미하면, 놀라운 깨달음에 이른다. 그리고 이 이야기를 떠올릴 때마다 나는 스스로를 돌아보게 된다. '나는 황금알을 낳는 거위를 죽인 농부와 다른 삶을 살고 있는가?' 혹은 '나는 노자가 경고한 지름길만을 욕망하며 살아가고 있는 것은 아닌가?' 하고 말이다. 더불어 옳은 길은 아주 평탄하고 차분하고, 이것이 자연이 우리에게 주는 삶의 단서임을 잊지 말자고 되뇐다.

---

* 작가의 한 줄 *

성공은 빠른 지름길이 아니라, 꾸준하고 성실한 길 위에 있다.
자신의 신념과 중심이 흔들리면, 결국 잘못된 길로 빠질 수 있다.

04 삶을 더욱 단순하고 여유롭게 가꿔라

학문을 행하면 지식이 날로 더해지고,
도(道)를 행하면 지식이 날로 덜어진다.
덜어지고 또 덜어져 무위(無爲)에 이르니,
무위하면 하지 못하는 것이 없다.
천하를 취하려 하면 언제나 일거리를 없애야 한다.
그에게 일이 있으면 천하를 취하기에는 부족하다.

- 《도덕경》 중에서 -

"학문을 행하면 지식이 날로 더해지고, 도를 행하면 지식이 날로 덜어진다."

노자의 도덕경 수업

　이 구절을 처음 읽었던 때가 아직도 선명하다. 《도덕경》을 펼쳐 읽으며 더 크고 깊은 깨달음을 얻으리라 기대했건만, 노자는 오히려 지식을 쌓지 말라는 듯한 말을 하고 있었다. 순간 당황스럽기도 했고, 심지어 이 책을 계속 읽어야 할지, 말아야 할지 한참을 고민했었다.

　그런데 그로부터 얼마간의 시간이 지나 소크라테스 역시 문자로 전해지는 지식을 경계했고, 붓다 또한 진리는 말로 모두 담을 수 없기에 스스로 깨달아야 한다고 강조했음을 알게 되었다. 그제야 노자의 말이 어렴풋이 이해되기 시작했다. 그리고 다양한 경험을 통해 삶을 깊이 체험하면서, 이제는 이전보다 훨씬 더 그의 뜻을 분명히 받아들이게 되었다.

실제로 말과 개념만으로는 이 세상의 모든 것을 설명할 수 없다. 세상 모든 것이 끊임없이 변하기 때문이다. 따라서 계속 변화하는 대상들을 우리가 완벽하게 개념화하거나 설명하는 것은 불가능하다. 물론, 지식을 습득하고, 독서를 하는 행위가 잘못되었다는 뜻은 아니다. 사회에서 살아가기 위해서는 적절한 개념화가 필요하고, 새로운 지식을 배우며, 사고를 건강하게 유지할 필요도 있다.

다만, 노자와 같은 현인이 지식을 쌓는 일에 경고를 보낸 이유는 지식을 소유물처럼 여기고, 집착하기 쉬운 인간의 성향을 경계했기 때문이라고 생각한다. 또한 글이나 개념으로만 이해하려 하지 말고, 몸으로 직접 느끼고 경험하는 감각적이고, 직관적인 세계 또한 놓치지 말라는 뜻으로 보인다.

"덜어지고 또 덜어져 무위에 이르니, 무위하면 하지 못하는 것이 없다."

노자의 이 말을 듣고 가장 먼저 떠오른 것은 요한 볼프강 폰 괴테의 《파우스트》였다. 이 작품 속 주인공 파우스트의 삶을 따라가다 보면, 노자의 말과 깊은 공통점을 발견하게 된다.

　파우스트는 평생 학문에 몰두하며 살아온 늙은 학자였다. 그는 철학, 신학, 과학 등 다양한 분야에서 누구보다 뛰어난 지식을 쌓은 당대 최고의 지성인이었다. 그런데도 그는 삶의 진정한 행복과 진리를 찾지 못한 채 깊은 허무와 외로움에 빠져 괴로워했다. 그런 그에게 어느 날 악마 메피스토펠레스가 나타났다. 그는 파우스트에게 젊음을 돌려주고, 세상의 모든 쾌락과 즐거움을 마음껏 누리게 해주겠다고 제안했다. 단, 죽은 후에는 그의 영혼을 가져가는 것이 조건이었다.

　파우스트는 이 위험한 제안을 받아들여 다시 젊음을 얻었다. 건강하고 아름다운 육체를 되찾은 그는 전에 느껴보지 못한 강렬한 쾌락과 즐거움을 만끽하며 외쳤다. "순간이여 멈추어라, 정말 아름답구나!" 그는 그렇게 욕망의 세계에 깊이 빠져들었다. 그 과정에서 파우스트는 순수하고 아름다운 소녀 그레트헨을 만난다. 두 사람은 격렬히 사랑했고, 아이까지 갖게 되었다. 하지만 악마 메피스토펠레스의 음모로 그들의 관계는 비극으로 치닫는다. 그 계략으로 인해 그레트헨의 어머니와 오빠 그리고 그들이 낳은 아이까지 목숨을 잃고 만다. 그 결과, 그레트헨은 영아 살해죄로 사형선고를 받고, 파우스트는 절망과 죄책감에 깊이 빠져버린다.

시간이 흐른 뒤, 파우스트는 다시 노인이 되었다. 그는 자신이 겪었던 절망과 죄책감을 씻기 위해 새로운 목표를 세웠다. 이번에는 자유로운 인간들이 행복하게 살아갈 수 있는 이상적인 땅을 만들겠다는 꿈이었다. 이에 바다를 간척하여 새로운 땅을 만들겠다는 야심 찬 계획을 세웠고, 자연과 맞서 싸우며 그 목표를 이루려 했다. 그러나 이 과정에서 또 다른 비극이 찾아왔다. 파우스트의 의도는 숭고했지만, 예상치 못한 희생이 발생했다. 특히 그곳에서 평화롭게 살아가던 노부부가 그의 야망으로 인해 희생되었다. 결국 선한 의도였음에도 그는 다시 파괴적이고 비극적인 길을 걷게 되었다.

그렇게 죽음을 눈앞에 둔 파우스트는 자신이 평생 추구해 왔던 것들을 돌아보며, 깊은 성찰에 잠긴다. 이를 통해 완벽한 행복이나 영원한 만족은 결코 존재하지 않으며, 오히려 자유롭고 평화롭게 살아가는 소박하고 평범한 삶 속에서 진정한 아름다움을 찾을 수 있다는 진리를 깨닫는다. 그런 다음 생애 마지막 순간, 그가 꿈꾸며 만들어낸 도시에서 사람들이 행복하고 자유롭게 살아가는 모습을 떠올리며 비로소 진정한 만족감을 느낀다. 파우스트는 그 광경을 향해 이렇게 말한다. "멈추어라, 너는 참 아름답구나!"

살펴봤듯이 파우스트는 끝없이 앎을 욕망하며, 자신이 가지지 못한 것을 더욱 많이 채우려 했다. 그러나 노자는 그와 정반대의 지혜를 가르친다. 덜어내고 또 덜어내라고 말이다. 그렇게 해야 비로소 무위에 이를 수 있다. 노자가 말하는 무위란, 인위적이고 억지스러운 것들이 없는 상태이며, 세상의 이치와 조화를 이루는 가장 자연스러운 모습이다. 그런 상태에 이르면, 삶의 불편함과 괴로움이 한층 더 가벼워진다는 뜻이다.

"천하를 취하려 하면 언제나 일거리를 없애야 한다. 그에게
 일이 있으면 천하를 취하기에는 부족하다."

행복해지고 싶어서 성공을 꿈꿨는데, 역설적으로 성공해서 불행해진 경우를 많이 봤을 것이다. 성공이 잘못된 것일까? 돈이 문제일까? 나는 그렇게 생각하지 않는다. 근본적인 문제는 덜어내지 못하는 데 있는 게 아닐까 싶다. 자신의 총력을 기울이니 마음의 여백이 없고, 일거리도 자꾸만 생긴다. 그런 사람의 내면에는 쉴 공간이 없어서 항상 긴장 상태다. 유일하게 휴식과 비슷한 감정을 느끼는 건

타인의 인정을 받을 때일 것이다.

자신만의 진정한 삶의 가치를 누리기 위해서는 일거리를 줄여야 한다. 수많은 압박이 있더라도 조금이나마 숨 쉴 수 있는 자유가 필요하다. 그러나 우리는 존재를 알지도 못하는 무언가에 쫓겨 질주만 하고 있다. 이런 사람은 천하를 취할 수 없다고 노자는 말한다. 그런 좁고 강퍅한 그릇을 가진 사람에게는 큰일을 맡겨도 훗날 사단이 일어난다고 돌려서 충고하는 것이다. 그래서 나는 자신이 소화할 수 있을 만큼만 하면서 살라는 뜻 정도로 노자의 말을 받아들인다.

다시 강조하지만, 노자는 천하를 얻으려면 자신의 삶을 더욱 단순하고 여유롭게 해야 한다고 말한다. 일을 줄이라고 한다고 해서 게을러지라는 얘기가 아니다. 마음의 여유와 여백이 있어야 더 큰 세상을 바라볼 수 있고, 진정한 성공과 행복을 얻을 수 있으니, 비워내는 연습을 하라는 의미다. 이는 마치 화가가 그림을 그릴 때 캔버스에 여백을 남기고, 음악가가 음악의 쉼표를 중요하게 여기는 것과도 같다. 삶의 여백은 단순한 빈 공간이 아니라, 그 자체로 삶의 가치를 높이는 필수 요소임을 기억해야 한다.

> **＊ 작가의 한 줄 ＊**
>
> 지식은 더할수록 쌓이고, 지혜는 덜어낼수록 쌓인다.

05 우리의 행동은 어딘가에 쌓이고 있다

위험을 억지로 무릅쓰는 용기는 죽음으로 이어지고,
위험을 피할 줄 아는 용기는 삶으로 이어진다.
이 둘 중 무모함은 해롭고, 조심스러움은 이롭다.
하늘이 싫어하는 것을, 사람이 어떻게 그 이유를 알겠는가?
그래서 성인은 함부로 용감한 행동을 하지 않고 조심한다.
하늘의 도道는 다투지 않으나 항상 이기고,
말하지 않아도 모든 답을 주며,
억지로 부르지 않아도 스스로 오게 하고,
급히 서두르지 않아도 모든 일을 이루어낸다.
하늘의 그물은 넓고 넓어서 성긴 것 같지만,
그 안에서는 어떤 것도 빠져나가지 못한다.

- 《도덕경》 중에서 -

"위험을 억지로 무릅쓰는 용기는 죽음으로 이어지고, 위험을 피할 줄 아는 용기는 삶으로 이어진다."

노자의 도덕경 수업

《장자-외편》〈지락〉 편에는 재미있는 우화가 하나 나온다. 초나라에 아주 신령스럽고 귀한 거북이가 있었다. 이미 죽은 지 3,000년이나 되었지만, 왕은 이 거북이를 특별한 상자에 넣어 종묘의 높은 제단 위에 소중히 모셔두었다. 어느 날, 장자가 초나라의 한 관리를 찾아가 물었다. "이 거북이는 죽어서 뼈만 남아 귀하게 보관되는 쪽을 원했을까요, 아니면 살아 있을 때처럼 진흙 속에서 자유롭게 꼬리를 끌며 다니기를 원했을까요?" 관리는 주저 없이 답했다. "당연히 살아서 진흙 속에서 자유롭게 꼬리를 끌며 다니기를 원했겠지요." 그러자 장자는 빙긋 웃으며 말했다. "그렇다면 이제 그대도 돌아가십시오. 나 역시 화려한 곳에서 귀하게 모셔지기보다는 진흙 속에서 꼬리를 끌며 자유롭게 사는 쪽을 택하겠습니다."

노자와 장자는 이렇게 지나치게 애쓰고 경쟁하는 삶을 경계했다. 억지로 삶을 끌어당기지 않고, 자연스러운 흐름을 따르는 것을 가장 큰 가치로 여겼다. 현대를 사는 우리에겐 쉽게 받아들이기 어려운 말일 수 있다. 지금 이 시대의 정신은 경쟁과 노력으로 더 높은 곳을 향해 오르는 것을 미덕처럼 여기기 때문이다.

나 역시 처음엔 노자와 장자의 가르침이 잘 와닿지 않았다. 하지만 시간이 흐를수록 그들의 말이 자주 떠오르곤 했다. 성공을 거뒀다가도 욕심으로 인해 한순간에 추락하는 사람을 많이 봐온 탓도 있다. 노자와 장자의 눈으로 보면, 아마도 그들은 종묘에 장식된 거북이와 다르지 않을 것이다. 외적인 화려함과 일시적인 성공만을 좇다가 본래의 삶을 잃어버렸으니까.

그렇다면 내가 이룬 성과를 오래 지키려면 어떻게 해야 할까? 단단하고 깊은 뿌리가 있어야 한다. 하지만 우리는 자꾸만 눈에 보이는 화려한 꽃과 이파리만 보고 가치를 판단하려 한다. 처음엔 그 이파리들이 아름다워 보이지만, 시간이 지나면 말라비틀어지고 만다.

요란했던 빈 수레가 금세 사라지는 것처럼 말이다.

오랫동안 꾸준히 잘해 나가는 사람들의 공통점은 바로 여기에 있다. 그들은 언제나 뿌리의 중요성을 잊지 않는다. 시대가 아무리 바뀌어도 결코 변하지 않는 본질적인 가치가 있다는 걸 잘 알고 있다. 오래가는 사람들은 그 가치를 지키며, 욕심에 휘둘려 스스로 위험을 만들지 않는다. 노자의 말처럼 위험과 무모함에 중독되지 않고, 하늘의 이치에 맞서 억지로 싸우려 들지 않는다. 덕분에 힘을 억지로 쓰지 않아도 자연스럽게 일이 이루어지고, 서두르지 않아도 결국 필요한 것을 얻는다.

솔직히 예전에는 단기간에 큰 성과를 이루는 사람이 대단해 보였다. 하지만 요즘 내가 진심으로 존경하게 되는 사람들은 외면과 내면을 함께 건강하게 다듬으며, 꾸준히 나아가는 이들이다. 그들의 모습 속에서 나는 때때로 진정한 현자의 얼굴을 본다.

"하늘의 그물은 넓고 넓어, 듬성듬성하면서도 빠뜨리는 법이 없다."

이 구절은 내게 큰 영감을 주었고, '인과율因果律'을 떠올리게 했다. 이는 모든 현상과 결과에는 반드시 그에 상응하는 원인이 존재한다는 법칙으로, 불교에서도 이 개념을 매우 깊이 받아들인다. 세상의 모든 일은 원인과 결과의 관계로 연결되어 있다는 진리이다.

한편, 살다 보면 이런 마음이 들 때가 있다. 나는 혼신을 다해 성실하게 살아가는데, 누군가는 부모의 도움으로, 혹은 손쉽게 좋은 삶을 누린다. 나는 최선을 다해 착하게 살려 애쓰는데, 뉴스에서는 악행을 저지른 이들이 오히려 더 잘사는 모습을 본다. 그럴 때면 마음 한켠에서 회의감이 고개를 든다. 심지어 '최선을 다하지 않아도 되는 거 아닌가?', '타인을 딛고 올라서는 편이 더 이득 아닌가?' 하는 생각도 스친다. 실제로 그런 방식으로 성공하는 이들도 분명 있다. 그러다 보면 지금까지의 내 선택이 허무하게 느껴질 때도 있고, 삶에 대한 의욕이 흐려지기도 한다.

그런데 이런 생각이 들 때마다 나는 노자의 이 구절을 되새기며, 많은 위안을 얻는다. 좀 더 먼 발치에서 나의 삶을 바라볼 수 있게 되기도 했다. 내가 최선을 다해도 아무도 알아주지 않는 것 같지만, 진짜로 알아주지 않는 것인지 확신할 수 없다. 또 노력하지 않아도 승승장구하는 사람을 보면 부럽기도 하지만, 그 사람이 영원히 행복할지는 알 수 없는 일이다.

가끔 현실에서도 이런 일이 종종 일어난다. '저 부부는 천생연분이야.'라고 생각했는데 갑자기 이혼 소식이 들려오고, '모든 걸 가졌으니 정말 행복하겠지.' 싶은 사람도 하루아침에 모든 걸 잃어버리기도 한다. 존경하고 동경했던 인물이 사실은 거짓으로 포장된 삶을 살아왔다는 사실이 드러나는 경우도 있다. 이런 경험들을 겪다 보면 다음과 같은 결론을 내리게 된다. '진짜 속사정은 아무도 모른다.'

따라서 선한 사람이 성공할지, 악한 사람이 성공할지 우리는 모른다. 겉보기에 좋은 사람인지, 나쁜 사람인지조차 시간이 지나야 알 수 있다. 광활한 미래를 모두 내다볼 수 없는 인간에게 사건은 항상 시간이 흘러야만 그 본모습을 드러낸다. 그래도 확실한 하나는 수많은 행동이 축적되며, 그 행동들이 결과를 만든다는 사실이다. 지금 당장 결과로 드러나지 않을지언정, 우리의 행동은 반드시 어딘가에 쌓이고 있다.

물론, 매우 똑똑한 사람이라면 이 모든 경우의 수를 계산하여 '이 정도 나쁜 짓은 해도 망하지 않아.'라고 판단할 수도 있을 것이다. 하지만 그렇게 완벽한 계산을 하는 천재가 과연 몇이나 있을까? 설령 그런 사람이라 할지라도 복잡한 세상사를 모두 계산하고 살아가기란 거의 불가능에 가까운 일이다.

그래서 나는 노자의 이 말에 더욱 감탄하게 된다. 하늘의 그물망은 때로 작동하지 않는 것처럼 너무 듬성듬성하고, 허술해 보인다. 이로 인해 인과관계를 무시하고, 제멋대로 살아도 괜찮을 듯한 착각이 들 때가 많다. 그러나 그 그물은 결정적인 순간에 빠뜨리지 않고 걸러낸다.

노자가 강조하는 것은 바로 균형이다. 자연은 사람들의 사소한 선과 악을 꼬치꼬치 따지지 않는다. 하지만 그것들이 눈덩이처럼 쌓여 거대한 결과로 나타날 때는 가차 없이 심판한다. 좋은 일이든 나쁜 일이든, 그에 상응하는 대가를 준다.

나는 이런 깨달음을 얻고 나서 '진인사대천명 盡人事待天命'을 삶의 자세로 더욱 깊이 받아들이게 되었다. 사람이 할 수 있는 최선을 다한 뒤 나머지는 하늘의 뜻에 맡긴다는 태도다. 세상이 어떻게 흘러갈지 내가 완벽하게 알 수 없으며, 그것을 통제하는 것은 더더욱 불가능하다.

이런 관점을 지니게 된 후로 나는 나 자신에게 더 집중하게 되었다. 타인의 조건과 행운, 악한 사람이 언제 응당한 대가를 받을 것인가와 같은 문제들에 덜 신경 쓰게 된 것이다. 물론, 전혀 신경을 쓰지 않는다는 건 말이 되지 않는다. 우리가 사회적 존재로 살아가는데 어떻게 완전히 무시할 수 있겠는가. 다만, 과거보다는 훨씬 균형 잡힌 마음으로 바라보게 되었다.

'어차피 삶은 타고난 거니까 나는 아무것도 못해.'라는 비관적 태도보다는 '내가 할 수 있는 최선을 다한 뒤 결과는 하늘에 맡기자.'라는 자세가 내 삶에 훨씬 큰 활력을 주었다. 그러하기에 노자의 말이 절대적인 정답은 아닐지라도, 내 삶을 지탱하는 데 있어 충분히 훌륭한 지혜임은 틀림없다.

※ 작가의 한 줄 ※

모든 결과는 원인이 쌓이고 축적된 끝에 나타나며,
아무것도 우연히 일어나지 않는다.
하늘의 그물은 느슨해 보여도 빠뜨리는 법이 없다.

에필로그

빛이 되어준 《도덕경》,
당신도 만끽하기를

　삶의 갈피를 도무지 찾을 수 없는 시기가 있었다. 그러던 어느 날, 서울 올림픽공원 근처를 걷던 중 '도대체 어떻게 살아야 할까?'라는 막막한 의문이 온통 머릿속을 채웠다. 그렇게 무작정 발걸음을 옮긴 지 네 시간쯤 되었을 즈음 다리는 슬슬 아파오고, 체력은 바닥났으며, 마음은 더 무거워졌다. 그 순간, 아래의 두 마디가 불현듯 떠올랐다.

　"도를 도라고 말할 수 있다면, 그것은 진정한 도가 아니다."
　"가장 선한 것은 물과 같다."

정신이 번쩍 들었다. 마치 숨이 꺼져가던 사람에게 들려온 신의 속삭임 같았다. 그런데 재미있게도 이 문장은 과거에 '도대체 무슨 얼토당토않은 이야기인가?' 하며 무시했던 노자의 말이었다. 나는 그 즉시 집으로 달려가 《도덕경》을 펼쳐 단숨에 끝까지 읽어 나갔다. 그랬더니 알 수 없는 위로와 안도감이 내 안에 스며드는 게 느껴졌다. 그리고 깨달았다. 삶은 결코 논리만으로 설명되지 않는다는 사실을 말이다.

지난 과거를 돌이켜보면 인생은 때때로 예측 불가능하고, 비논리적인 얼굴로 내 앞에 나타났고, 나는 매번 속수무책으로 삶의 거대한 흐름 앞에서 흔들리거나 쓰러지곤 했다. 또 내가 붙잡고 있던 확신은 어느 순간 허무하게 무너져 아무런 의미도 남기지 못했다.

그런 나에게 노자는 삶의 물결 속에서 헤엄치는 법을 가르쳐 주었다. 명확히 예측 가능한 순간에는 내 생각과 계획대로 나아가되, 불확실한 파도가 덮쳐올 때는 무작정 저항하지 말고, 온몸의 힘을 빼고 자연스럽게 흘러가라고 말이다. 이 조언을 받아들이자, 삶이 두렵기보다 오히려 자유롭게 다가왔다. 그래서인지 가끔은 '그날 노자를 만나지 않았다면 나는 어떻게 되었을까?' 하는 질문이 떠오르곤 한다. 아마 나름의 방식으로 살아갔겠지만, 지금처럼 고통과

위기 앞에서 유연하게 대처하지는 못했을 테다.

한편, 인도에서 오래전부터 전해 내려오는 이야기 중 어두운 곳에서 밧줄을 뱀으로 착각하고 두려움에 떨다가, 빛을 비추어 그것이 단지 밧줄이었음을 알고 나서야 비로소 안도하게 된다는 내용이 있다. 이는 '무지 아비드야, avidyā'로 인해 사물을 잘못 인식하고 괴로워하다가, '지혜 프라즈냐, prajñā'를 통해 진실을 깨닫는 과정을 설명할 때 자주 인용되는 비유다. 이를 내 상황에 비추어 보면, 노자의 《도덕경》이 어둠 속에서 길을 밝혀 준 빛과 같다.

같은 맥락으로 이마누엘 칸트가 남긴 말이 있다. "철학은 배우는 것이 아니라, 철학 하는 것을 배워야 한다." 즉, 철학을 단순한 지식이나 교리로 받아들이는 것이 아니라 스스로 질문하고, 비판하며, 끊임없이 탐구하는 자세가 중요하다는 뜻이다.

이는 정답이 점점 사라지는 현대사회에서 우리에게 절실히 요구되는 사고가 아닐까 한다. 비교적 명확한 방향이 존재하던 과거와는 분위기가 확연히 달라졌으니까. 가령, 예전에는 특정 직업을 가지면 얼마나 오랫동안 일할 수 있고, 어떤 대우를 받을 수 있는지, 어떤 성격이나 태도를 가져야 타인의 인정을 받을 수 있는지와 같은 틀이 어느 정도 정해져 있었다. 그래서 부모나 인생 선배들의 경험담에 신뢰를 가지고, 그대로 따르곤 했다.

하지만 어느 순간부터 한국 사회가 달라지기 시작했다. 아니, 전 세계적으로 기존의 질서와 방식이 급격히 뒤바뀌고 있다. 누구도 섣불리 답을 제시하지 못하며, 한때 매우 타당하다고 믿었던 답조차도 금세 그 유통기한을 다하고 만다. 이로써 현재를 살아가는 우리는 그 체계가 흔들리는 혼란의 중심에 서 있다.

그렇다면 우리는 무엇을 믿고 나아가야 할까? 그것은 바로 '나 자신'이다. 따라서 앞서 칸트가 강조한 '철학 하는 자세'가 더욱 절실해진다. 때로는 깊은 시련과 고난을 만나고, 때로는 격정적인 환희를 맛보며, 구불구불한 여정을 거칠 수밖에 없는 현실에서 완전무결한 답을 제시할 수 있는 사람이 없기에, 스스로 길을 개척하는 모험가가 되어야 하기 때문이다. 그리고 그 모험과 탐구의 여정 자체가 우리가 걸어가야 할 길, '도道'이다.

그렇다고 너무 막막해하거나 두려워하지는 말자. '이 길은 어떤 성분으로 이루어져 있을까?', '나에게 어떤 의미를 줄까?', '이 길의 끝에는 무엇이 있을까?'라며 머리로 모든 것을 해석하려 하기보다는, 가끔은 온몸의 힘을 빼고 그저 길을 걷는 행위 자체를 즐겨보자. 잠시 우리의 일상을 돌이켜보더라도 충분히 이해할 수 있는 부분이다. 머리를 싸매고 걸으면 어떤가? 길가의 들판에 핀 꽃들과 나무에 기대어 노래하는 새들을 미처 보지 못하고 지나쳐 버리곤 한다. 같은 이유로 우리가 걷는 모험의 여정 속에서 소중한 깨달음들을 스치듯 지나쳐버릴 수도 있다. 그러니 때로는 생각을 잠시 내려놓고, 삶이 우리에게 선물처럼 건네주는 수많은 우연을 즐겨보자. 어쩌면 우리에게 미소 짓는 삶을 마주할지도 모른다.

끝으로 내가 앞서 출간한 책에서도 언급했지만, 한번 더 나누는 것으로 긴 글을 마무리하려 한다. 독서를 통해 삶의 구원을 얻은 나는 작가라는 이름으로 독자들에게 말을 걸고 있다는 사실에 늘 깊은 경이로움과 함께 무거운 책임감을 느낀다. 그래서 글을 쓸 때마다, 지구의 종이를 헛되이 낭비하지 않겠다는 마음으로 문장마다 최선을 다하고 있으며, 이번 작업을 진행하면서도 같은 마음이었다. 그러하기에 작은 소망을 담아본다. 수많은 작품 가운데 나에게 가장 큰 스승이자 친구가 되어 준 《도덕경》을 당신도 만끽할 수 있기를. 더불어 각자가 걸어갈 그 길에 행운이 가득하기를.

노자의 도덕경 수업

ⓒ이상윤

초판 1쇄 인쇄 2025년 8월 29일

엮은이 이상윤
편집인 윤수빈
디자인 김지혜
마케팅 정호윤, 김민지
펴낸곳 모티브
이메일 motive@billionairecorp.com

ISBN 979-11-94600-59-6 (03150)

파본은 구입하신 서점에서 교환해 드립니다.
이 책은 저작권법에 의해 보호를 받는 저작물이기에 무단 전재와 복제를 금합니다.